HAPPY MONDAY!
IT'S FINN'S WORK-LIFE!

월요일도 행복한
핀란드 직장생활

■

일러두기
핀란드 지명, 기업명 등의 고유명사와 핀란드어 인용문장은 원어 발음에 가까운 된소리(경음) 표기를
원칙으로 했습니다.

HAPPY MONDAY!
IT'S FINN'S WORK-LIFE!

월요일도 행복한
핀란드 직장생활

샤니아 신 지음

평범한 일상 속 평범하지 않은 5가지 조직문화 인사이트

5 Extraordinary Insights from the Ordinary Life in Finland

Audacious into Advanced

대담한 여백의 미로 앞서가는

Bland into Brand

단조로운 일상의 반복이 브랜드가 된

Competitive into Complementary

경쟁의 시대에 상호보완의 가치를 실현한

Diverse into Dynamic

다양한 개인들로 다이내믹한 경제와 사회를 이룬

Encouraging into Ever-evolving

시도와 실패를 격려하며 끊임없이 진화하는

Happy Monday! It's Finn's work-life!

월요일도 행복한 핀란드 직장생활

Prologue

■
■
□

핀란드 직장생활 2년 차였던 2017년은 핀란드 독립 100주년을 기념했던 뜻깊은 해인데요. 개인적으로도 총리실이 기획한 <Finland My Home> 프로젝트에 5번째 인터뷰 대상으로 초대받은 일을 비롯한 특별한 추억이 많은 해입니다. 핀란드에서 지낸 7년 동안 현지인 동료들과 친구들로부터 자신들보다 더 핀란드를 사랑하는 한국인으로 불릴 만큼 핀란드에 대한 애정이 각별하고 유별나지만, 처음부터 핀란드 행을 계획했던 건 아니었습니다. 한국에서 Fortune 500 기업에 12년간 근무하면서 순위와 인지도, 지명도 name value 가 선택의 기준이던 저에게 핀란드는 30개국이 넘는 나라를 여행하면서도 단 한 번도 제 선택의 옵션으로 생각해본 적도 없는 나라였거든요.

코카콜라, 퀄컴, 도이치은행, 스탠다드차타드증권에서의 경력을 뒤로하고 미국행 유학 준비로 분주했던 2011년 어느 날로 기억합니다. 방사능 오염으로 소란스럽던 일본까지 가서 GRE 테스트를 받고, TOFLE과 추천서를 비롯해 지원할 대학원에 제출할 서류를 예정대로 거의 다 준비했었죠. 마지막으로 Letter of Motivation만 작성하면 되는데 어찌 된 일인지 첫 문장부터 꽉 막혀 단 한 줄도 쓸 수가 없었습니다. 내가 왜 그 전공을 선택했고 왜 공부하고 싶고 석사과정을 마치면 무엇을 하고 싶은지, 정말 아무것도 생각이 나지 않았거든요. 무엇을 준비해야 하는지 알았고 열심히 준비했다고 생각했는데, what과 how만 있고 why는 미처 생각해보지도 않은 채 무작정 시작했다는 걸 깨닫고는 앞이 막막했습니다.

갑자기 사라진 목표에 방향을 잃고 그렇게 패닉 상태로 며칠을 지내다 우연히 Finland Phenomenon이란 짧은 영상을 보게 됐는데요. 3분도 채 안 되는 그 영상을 보고 왜 그렇게 눈물이 났는지는 모르지만, 핀란드 교육을 직접 경험해보고 싶다는 막연한 생각에 주체할 수 없이 가슴이 뛰었던 기억은 아직도 생생합니다. 전혀 관심을 가져본 적도 없던 핀란드에 가기 위해 무엇을 어떻게 준비해야 하는지도 모른 채 무작정 검색을 시작했고, 헬싱키대학교 사이트에서 영어로 진행되는 석사과정 리스트를 발견했습니다. 그날 알파벳 순서로 정렬된 전공 중 첫 번째였던 Adult Education and Developmental Work Research를 클릭한 게, 저의 7년간 핀란드 생활의 시작이 될 줄은 그땐 정말 상상도 못 했던 일입니다.

현지인들과 함께 일하고 먹고 어울리며 그들의 삶의 언어와 문화의 문법을 익힌 7년 동안 '핀란드는 내 집(Finland My Home)'이었고, '헬싱키는 나의 도시(My Helsinki)'였습니다. 일 년 중 가장 어두운 시기인 1월 눈 덮인 도시에서 친숙한 랜드마크와 도시공간을 빛의 예술을 사용해 마법 같은 분위기로 연출하는 빛 축제인 럭스 헬싱키(Lux Helsinki)에서 내 마음 같은 작품을 발견한 기쁨으로 찍었던 사진입니다.

돌이켜 생각해보면 핀란드에서 보낸 7년은 선물과도 같은 시간이었습니다. 한 해도 이번이 마지막일지 모른다고 생각하지 않고 지난 적이 없었거든요. 대학원 동기 중 제일 먼저 석사 논문을 제출하고 eximia cum laude approbatur우수 논문으로 졸업한 2014년에도, 취업비자가 유효했던 마지막 6개월 동안 아쉬움을 남기지 않으려고 분주히 뛰어다녔습니다. 취업비자 만료일을 겨우 한 달 앞둔 시기에 핀란드 기업인을 대상으로 한 이틀간의 강의를 맡게 되었고, 그것이 취업 대신 창업을 선택하는 계기가 됐습니다. 핀란드 무역대표부Business Finland 와 대학University of Applied Sciences 에서 핀란드인들과 국제 학생들 대상 강연과 강의를 이어가던 2015년 연말엔, 유학 생활에 덤으로 주어진 1년간의 창업과 강연 경험만으로 감사하자는 마음으로 한 번 더 핀란드에서의 마지막을 준비하고 있었습니다.

핀란드에서의 첫 직장생활도, 미련이나 후회를 남기지 말자는 생각으로 여기저기 찾아다니던 2016년 초에 있었던 한 미팅을 계기로 시작되었죠. 헬싱키 상공회의소와의 미팅으로 알게 된 유럽연합 지원금으로 시작하는 프로젝트 중 하나가 제 논문 주제였고, 저는 그 프로젝트의 기획과 운영을 제안받았습니다. 입사한 다음 해인 2017년은 핀란드 독립 100주년을 기념했던 해이자, 핀란드 상공회의소가 문을 연 지 100년째 되는 해이기도 했습니다. 덕분에 핀란드 대통령과 귀빈들이 초대된 기념행사부터 연말까지 이어진 각종 컨퍼런스와 파티에 참석하면서, 현지인들과 함께 핀란드의 특별한 한 해를 축하하고 기념하는 뜻깊은 경험들로 감사한 시간을 보낼 수 있었습니다.

계획하지 않은 선물 같은 기회와 경험들에 감사하며 보낸 7년 동안, 혼자만 알기엔 아까운 핀란드만의 매력을 너무 많이 알게 됐는데요. 그래서 북유럽 4국으로 뭉뚱그려 말하기 아쉬운, 오래 보고 자세히 들여다볼수록 알게 되는 핀란드만의 평범하지 않은 이야기를 지금부터 시작하려 합니다. 이제까지 국내에 소개된 핀란드는 산타와 오로라의 나라, PISA의 경쟁국, 사회복지의 벤치마킹 대상처럼 단편적 모습만 알려진 것 같아 아쉽거든요. 이 책에서는 핀란드인들 Finns과 부대끼며

일한 저의 찐 핀란드 직장생활을 통해 발견한 핀란드 조직문화를 소개할 계획입니다. 행복한 개인들의 평범한^{ordinary} 일상이 모여 만든 핀란드 기업의 평범하지 않은^{extraordinary} 건강한 조직문화와 더불어, 그 조직문화의 바탕이 된 핀란드 사회와 교육 이야기도 곁들일 생각이고요.

이 책에는 대담한 여백의 미로 앞서가는^{Audacious into Advanced} 거리 두는 문화, 단조로운 일상 속 반복이 브랜드가 된^{Bland into Brand} 믿어주는 문화, 경쟁의 시대에 상호보완의 가치를 실현한^{Competitive into Complementary} 공정한 문화, 다양한 개인들로 다이내믹한 경제와 사회를 이룬^{Diverse into Dynamic} 인정하는 문화, 그리고 시도와 실패를 격려하며 끊임없이 진화하는^{Encouraging into Ever-evolving} 월요일도 행복한 핀란드의 진짜 직장생활^{Happy Monday! It's Finn's work-life!} 이 고스란히 담겨 있습니다.

지금부터 들려드릴 제가 경험한 건강한 핀란드 조직문화를 만들어가는 행복한 Finns 이야기에 종종 고개가 끄덕여지고 때론 웃음과 상상력이 자극되고 가끔은 영감과 인사이트를 얻을 수 있으면 좋겠습니다. 직항편 항공으로는 10시간이면 도착하고 통일이 되면 7,000km 육로 여행으로도 갈 수 있는, 알고 보면 가깝지만 아직은 조금 낯설고 생소할 핀란드 조직문화를 알아가는 재미와 의미가 가득한 여정을 지금 바로 시작합니다!

Table of Contents

| Prologue | 5

I 거리두는 문화

#안전거리 #전문성공간 #침묵 #여름셧다운 #틈트 #쉼표 #여백의미

1. 사람과 사람 사이 거리두는 문화 18

'거리두기=행복' 이라는 공식 성립이 가능하다니! / 불편하거나 불쾌하지 않을
만큼 / 수직거리? NO! 수평거리 OK!

2. 즉시전력감과 성장잠재력 사이 거리두는 문화 26

그냥 직원이 아니라 파트너로 대한다고? / 전문성 사이의 안전거리가 조직문화
의 핵심 / 성장을 위한 여백 '즉시전력감'과 '성장잠재력' 사이 /
제조기업에 심리학 전문가를 왜?

도시생활의 흐름을 개선하는 KONE | 사람들의 원활한 흐름을 추구하는 KONE

3. 말과 말 사이 거리두는 문화 45

어색한 침묵을 견뎌야 하는 이유 / 대화가 필요해 /
사우나를 닮은 핀란드 회의문화 / 화려한 포장지는 버리셔도 됩니다.

4. 일과 일 사이 거리두는 문화 61

별다법, 커피브레이크 / 효율성 올리는 틈새 트레이닝 /
일도 일상도 안녕, 여름 셧다운

5. 대담한 여백의 미로 앞서가는 핀란드 조직문화 73
Audacious into Advanced

II 믿어주는 문화

#사회적자본 #마음백신 #실천하는리더 #열린규제 #신뢰는근육

1. 행복은 높이고 낭비는 줄이는 믿어주는 문화 ···················· 80

행복지수 1위 Finns의 가장 행복한 표정이라고? / 핀란드 웰컴키트는 바로 이것! /
원로원 광장에 세워진 핀란드 DNA

2. 믿어주는 문화를 만들어가는 리더의 역할 ···················· 93

일시적 캠페인으로 되는 것이 아닙니다. / 리더라면 먼저 보여주세요 /
경직된 인사평가식 피드백은 저리가!

3. 믿어주는 문화를 만들어가는 조직의 역할 ···················· 105

안되는 거 빼고 다 됩니다. / 핀란드엔 공식 질투의 날이 있다고?
: Happy National Jealousy Day! / 두드리면 열리리라

해양선박 글로벌 리더 Wärtsilä | 스마트 기술로 지속가능한 사회를 구현하는
Wärtsilä Experience Center

4. 믿어주는 문화를 만들어가는 개인의 역할 ···················· 122

STOP micromanagement START empowerment /
유연한 건 좋지만, 초과해선 안돼 / 일단 믿고 GO~: 하이브리드워크(Hybrid work)

5. 단조로운 일상 속 반복이 브랜드가 된 핀란드 조직문화 ··········· 134
Bland into Brand

III 공정한 문화

#공정이상식 #홈리스없는Homeless-less #프로토콜경제 #사회적약자 #ESG

1. 공정한 문화를 위한 사회의 몫 ·· 140
화려한 성적으로도 감출 수 없는 것 / 속도 위반으로 2억을 낸다고요? /
Homeless-less가 보여주는 것

2. 공정한 문화를 위한 기업의 몫 ·· 154
심리적 안전감을 위해 필요한 것 /
공정한 대안: 프로토콜경제(Protocol Economy) / 2인 3각 파트너처럼

3. 공정한 문화를 위한 각자의 몫 ·· 168
Kaikkien Oikeus(모든 사람의 권리)와 책임 /
내일도 모레도 계속 되어야 한다: ESG

플라스틱 쓰레기로부터 세상을 구하는 Sulapac

4. 경쟁의 시대에 상호보완의 가치를 실현한 핀란드 조직문화 ········ 181
Competitive into Complementary

IV 인정하는 문화

#다름은팩트 #포용은기술 #Beyond-boundaries #나다움의공존

1. 다양성의 공존을 인정하는 문화 ⋯⋯⋯⋯⋯⋯⋯⋯⋯ 188

의식적으로 익숙하지 않은 것을 선택하는 이유 / 경계를 넘어도 해치지 않아 /
함께 풀면 답이 하나가 아닐 수도 있다

2. 있는 그대로 인정하는 문화 ⋯⋯⋯⋯⋯⋯⋯⋯⋯⋯⋯⋯ 201

Melting Pot 보단 Salad Bowl이 좋아 / 인형말 타고 말타기 대회를? /
STOP competing START complementing each other

3. 다른 관점을 익히고 인정하는 문화 ⋯⋯⋯⋯⋯⋯⋯⋯ 215

전국민의 공통 취미생활 / 다양성을 경험하는 지름길 /
Finland Phenomenon, 하나의 현상이 된 핀란드 교육

4. 다양한 개인이 공존하는 다이내믹한 핀란드 조직문화 ⋯⋯⋯⋯ 228
Diverse into Dynamic

V

시도하는 문화

#Sisu #면역력 #SLUSH # Nokia Bridge #CHAT #Change Lab™ #Aalto

1. 맞서서 시도하고 즐기는 문화 ·· 234

핀란드 정신유산, 시수(Sisu) /
STOP whining START enhancing immunity

2. 시도하고 실패해도 축하하는 문화 ································· 243

음료 이름이 아닙니다: SLUSH / 지원과 격려의 다리 Nokia Bridge /
실패했으니 샴페인을 터뜨리자고요?

3. 시도하고 변화하는 Change Lab™ ····························· 257

수다로 오해하면 안됩니다: 사회문화적 맥락 기반 CHAT이론 /
구성원 참여로 변화를 시도하는 Change Lab™ /

CHAT이론 이란? | 변화의 요람 CRADLE 연구소

질문만 잘해도 됩니다 / 핀란드 교육의 새로운 시도: PBL

4. 시도와 실패를 격려하며 진화하는 핀란드 조직문화 ·············· 277
Encouraging into Ever-evolving

| Epilogue | ·· 282

| References | ··· 285

#안전거리 #전문성공간 #침묵
#여름셧다운 #틈트 #쉼표 #여백의미

거리두는 문화

사람과 사람 사이 거리두는 문화
즉시전력감과 성장잠재력 사이 거리두는 문화
말과 말 사이 거리두는 문화
일과 일 사이 거리두는 문화
대담한 여백의 미로 앞서가는 핀란드 조직문화
- Audacious into Advanced

1 사람과 사람 사이 거리두는 문화

■ Politeness and consideration for others is like
■ investing pennies and getting dollars back.
■ 예의와 타인에 대한 배려는 푼돈을 투자해 목돈으로 돌려받는 것이다.
Thomas Sowell

| 거리두기=행복'이라는 공식 성립이 가능하다니! |

행복한 개인과 건강한 조직을 위한 핀란드의 거리두기

거리두기 잘하고 계신가요? 코로나19 팬데믹을 겪으면서 우리는 당연한 일상이 당연하지 않다는 걸 깨닫기도 했고, 당연하지 않았던 것들도 당연하게 받아들이기 시작했습니다. 마스크, 비대면과 함께 사회적 거리두기도 그중 하나이고요. 사람들 사이 친밀한 접촉과 교제가 당연했던 우리에게 고강도 거리두기는 불편하고 어색했고 아쉬움과 외로움을 느끼게 했습니다. 하지만 불평과 불만에도 불구하고 자신과 타인의 안전을 위해 실천한 거리두기로 코로나19의 급격한 확산에 그나마 선방할 수 있었던 것도 사실입니다.

그런데 코로나19 팬데믹이 시작되기 아주 오래전부터 거리두기를 마스터한 사람들이 있습니다. 우리에겐 당연하지 않았던 거리두기가 행복지수 세계 1위의 나라 핀란드에 사는 사람들^{영어 애칭은 Finns}에겐 당연한 일상의 평범한 모습이랍니다. 코로나19 팬데믹 때문에 전 세계 정부에서 사람들에게 2m 간격 유지를 권장하는 사회적 거리두기^{social distancing}를 도입했을 때, 핀란드에서는 '왜 우리는 평소 4m를 지키지 못할까?'라는 농담이 돌기도 했을 정도로 우리의 예상보다 훨씬 더 빡세게(?!) 거리두기를 실천하는 사람들이죠. 코로나19가 유행하기 전 한국의 어느 예능프로그램에 핀란드 버스정류장 사진이 나온 적이 있습니다. 그 사진을 본 제 한국 친구들은 '이게 실화냐?'며 재차 물어 확인했지만, 핀란드에 살던 제겐 매일 마주하던 평범한 일상의 한 컷일 뿐이었습니다.

이런 핀란드가 5년 연속 행복지수 세계 1위의 나라입니다. 2022년 3월 유엔 지속가능한 개발솔루션네트워크^{UN Sustainable Development Solutions Network}가 연례 보고서를 발표했는데, 핀란드가 1위로 '전 세계에서 가장 행복한 나라'로 선정되었습니다. 거리두기의 나라 핀란드는 어떻게 행복을 유지하는 걸까요? 거리두기와 행복이 어떻게 공존할 수 있는 걸까요?

사람과 사람 사이, 말과 말 사이, 일과 일 사이, 일상에 깊이 뿌리내린 핀란드의 거리두기는 행복한 개인과 건강한 조직을 위해 지켜지는 안전한 거리를 유지하는 문화입니다. 지금부터 핀란드 직장생활에서 경험했던 다양한 방면의 거리두는 문화를 통해, Finns의 거리두기 문화가 어떻게 개인의 행복과 연결되고 조직문화에 영향을 미치는지 소개해 보려고 합니다.

한국의 한 예능에서 나왔던 핀란드 버스정류장 장면인 핀란드식 거리두기는 핀란드 정부에서
공식 발표한 픽토그래프(pictographs)에 포함될 만큼 지극히 핀란드스러운 일상의 문화입니다.
© This is Finland & © JTBC

| 불편하거나 불쾌하지 않을 만큼 |

물리적 거리만큼 중요한 심리적 거리

사회적 거리두기가 지속되면서 미국의 문화인류학자 에드워드 홀 Edward T. Hall 의 저서 '숨겨진 차원 The Hidden Dimension, 1990 '이 다시 관심을 받고 있습니다. 에드워드 홀이 제시한 4가지 인간관계 거리는 친밀한 거리, 개인적 거리, 사회적 거리, 공적인 거리로 나뉩니다. 가족이나 연인 사이는 '친밀한 거리 0~46cm '이고, 격식과 비격식을 넘나드는 친구와 가까운 사람 사이는 '개인적 거리 46~120cm '에 해당합니다. 코로나19로 우리에게 가장 익숙해진 '사회적 거리 120~360cm '는 직장동료나 업무적으로 만나게 되는 사람들과 사회생활을 할 때 유지하는 관계적 거리인 반면, '공적인 거리 360cm 이상 '는 상호작용보다는 주로 한 방향 소통을 위해 공연장에서 무대와 관객이, 강연장에서 강사와 청중이 떨어져 있는 거리를 말하죠. Finns가 편안함을 느끼는 거리는 개인적 거리와 사회적 거리 사이 어디쯤 100~150m 이라고 말할 수 있을 것 같아요.

우리에겐 사람과 사람 사이의 편안한 거리로 어느 정도가 적당할까요? 이 거리는 다른 사람을 만나서 대화를 나눌 때 편안함을 느끼는 자로 잴 수 있는 물리적 거리만을 의미하지 않습니다. 사회심리학에서 말하는 개인과 개인, 집단과 집단, 혹은 개인과 집단 상호 간에 존재하는 친근하거나 소원한 감정적 거리도 사람 사이의 거리에 포함됩니다.

우리는 늘 다른 사람과 어떤 형식으로든 관계를 맺고 살아가지만, 동시에 최소한의 물리적 공간과 심리적 공간이 필요합니다. 그 공간이 지켜지지 않으면 불편함과 불쾌함을 느끼기도 하죠. 출퇴근길 지하철 속 부대낌이 짜증나는 건 자기방어를 위한 최소한의 물리적 안전거리가 지켜지지 않았기 때문이고, 명절에 친척들의 질문이나 주말계획을 묻는 직장상사의 질문이 달갑지 않은 건 침범 받고 싶지 않은 내 심리적 공간인 사생활 영역이 무단침입 당했기 때문입니다.

방송에서 화제가 됐던 사진 속 Finns는 한겨울 어둠 속에서도 1m 간격을 유지하며 띄엄띄엄 서 있습니다. 때론 이기주의라는 억울한 오해를 받기도 하고 누군가는 개인주의라고 폄하하기도 하지만, Finns의 거리두기는 여백을 추구하는 삶이고 서로를 배려하는 일상의 문화입니다. 내가 불편하고 불쾌하지 않을 몸과 마음의 거리만큼, 상대방의 물리적 공간과 심리적 공간도 존중하고 배려하는 삶의 태도인 거죠. Finn의 거리두기는 서로가 쾌적하고 편안함을 느낄 수 있도록 서로의 개인 공간을 존중하는, 타인에 대한 배려의 습관이 반복된 일상입니다.

| 수직거리? NO! 수평거리 OK! |

서로 다른 역할 사이의 수평적 거리

일상 생활에서 사람과 사람, 사람과 공동체와의 관계와 상황에 맞는 적절한 거리를 유지하는 Finns의 생활습관은 자연스럽게 직장생활에서도 이어집니다. 한국의 기업문화가 바뀌고는 있지만 그래도 여전히 많은 기업에 직급과 나이로 윗사람과 아랫사람을 나누는 수직적 문화가 남아 있기도 합니다. 그래서 국내기업 경력직을 채용할 때 종종 지원 가능한 후보자 연령과 경력연수를 특정하는 경우를 볼 수 있습니다. 팀장보다 나이가 많거나 대리보다 나이가 어린 과장이면 곤란하다는 거죠.

핀란드 기업들은 어떨까요? 핀란드에선 '수직적 거리' 대신 구성원들의 서로 다른 역할과 전문 분야 사이 '수평적 거리'를 유지하며 서로를 존중합니다. 수평적 조직문화인 핀란드 기업에서 직급은 위아래의 거리가 아닌, 각자가 맡은 다른 역할의 이름일 뿐이거든요. 본부장을 찾아온 외부 방문객과의 미팅에 커피와 차는 본부장이 직접 준비하고 미팅에 필요한 자료의 출력과 복사도 직접 합니다. 뷔페나 핑거푸드가 제공되는 미팅에선 대표이사도 부사장도 예외 없이 도착 순서대로 줄을 서는 게 당연하고요. 미팅의 발표자도 서열순서가 아닌 각 주제의 전문성을 대표하는 부서원이 합니다. 인턴도 업무 보조만 하지 않고 일을 배울 기회와 함께 주도적으로 진행할 기회도 주어집니다. 각자의 전문성과 역할을 존중하는 수평적 거리는 권한 부여와 자기주도성 보장을 가능하게 하는 거죠.

제가 일했던 헬싱키 상공회의소는 정부 기관과의 협력과 논의가 많은 업무 특성상 핀란드의 다른 일반기업에 비해 다소 보수적인 문화를 지니고 있음에도 불구하고, 부서마다 부서장보다 나이도 많고 근무연수도 긴 동료들이 있습니다. 관리자가 되는 것이 부담스러워 자기 분야 전문가인 스페셜리스트로 커리어를 유지하기로 선택한 사람들이 있고, 그 선택은 당연히 존중받기 때문이죠. 리더가 모든 걸 결정하지 않는 핀란드 조직에서는 리더와 스페셜리스트가 서로 다른 의견을 치열하게 주고받는 토론과 회의문화가 당연하고 평범한 일상입니다.

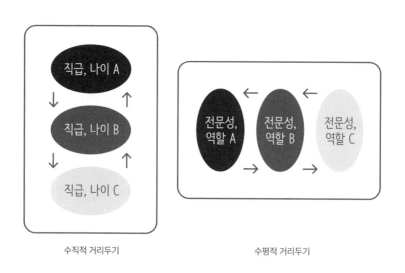

수직적 거리두기   수평적 거리두기

핀란드 기업의 수평적 거리 유지는 각자가 더 잘할 수 있는 영역에서 서로의 영역을 침범하지 않고 각자의 영역을 인정하며 조화롭게 일할 수 있도록 도와줍니다. 모두가 리더가 될 필요가 없고 그래서도 안 되

는 기업에서 수평적 거리두기를 실천하고 있는 핀란드 기업의 조직문
화를 잘 들여다볼 필요가 있습니다.

1

조직에서 내가 안전하다고 느끼는 관계의 거리는 어느 정도가 적당할까요?
지금 우리 조직에서의 관계의 거리와는 어떤 차이가 있고, 왜 그런 차이가
있는 걸까요?

2

우리 조직에서 관계의 수직거리와 수평거리는 어느 정도인가요? 만약 변화
가 필요하다면 어떻게 시작하면 좋을까요? 내가 바로 실천할 수 있는 건 무
엇이고 조직의 변화가 필요한 건 어떤 부분일까요?

2 즉시전력감과 성장잠재력 사이 거리두는 문화

■ Coming together is a beginning. Keeping together is progress.
■ Working together is success.
■ 함께 한다는 것은 시작에 불과하다. 함께함을 유지하는 것은 진보를 뜻한다.
그리고 함께 일하는 것은 성공을 뜻한다.
Henry Ford

| 그냥 직원이 아니라 파트너로 대한다고? |

개인의 전문성 공간을 존중하는 채용문화

핀란드 기업의 수평적 거리두기에 한 몫 하는 채용문화를 한 번 들여다볼까요? 수평적 거리두기는 물리적 거리, 심리적 거리에서 한 걸음 더 나아가 서로 다른 전문영역 사이 거리를 포함한 개인의 입체적 전문성 공간을 존중하는 문화입니다. 개인의 전문성 공간은 현재의 역량과 미래 성장잠재력 사이의 거리까지 포함하는 거죠. 그래서 핀란드 기업들은 채용에서 나이나 학력보다는 지원자의 직무 관련 경력, 경험과 더불어 성장잠재력을 엿볼 수 있는 동기 motive 를 더 비중 있게 다룹니다. 입사 후 얼마나 자신의 전문영역에서 역량을 발휘하고 어떻게 조직과 함께 성장해 나가느냐가 중요한 사항이고, 면접에서도 역량과 스킬뿐 아니라 동기, 태도와 가치를 확인하는 과정을 중요하게 여깁니다.

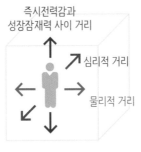

즉시전력감과
성장잠재력 사이 거리

심리적 거리

물리적 거리

개인의 입체적(3D) 전문 공간

제가 경험했던 헬싱키 상공회의소의 채용 인터뷰는 한국에서 12년간 네 번의 이직을 하면서 경험했던 인터뷰들과는 사뭇 달랐습니다. 저와 상공회의소가 개인과 조직으로 만나 파트너로서 서로를 알아가는 첫 미팅이었거든요. 면접관이 질문하고 후보자가 답하는 공격과 수비로 역할을 나눈 듯한 일반적 인터뷰와 다르게, 기업이 채용할 분야의 전문가인 후보자를 초대해 수평적 관계로 파트너십을 논의하는 자리였습니다. 인터뷰 날, 제가 상공회의소 회의실에 도착했을 때 부사장과 본부장이 일어나 악수를 건넸고 저와 명함을 주고받았습니다. 미팅의 호스트인 부사장이 테이블에 놓인 커피와 홍차 중 무엇을 마실지 저에게 물어보고 직접 커피를 따라주었고요. 날씨 같은 아이스 브레이킹 대화를 잠시 나눈 뒤 본부장이 일어나 프레젠테이션을 시작했습니다.

잠깐 헬싱키 상공회의소에 대한 소개를 드리자면, 헬싱키 상공회의소는 7천여 자발적 기업회원을 보유한 유럽에서 가장 큰 규모의 상공회의소 중 하나입니다. 2017년 100주년을 맞아 핀란드 대통령과 주요 기업 CEO들을 초대한 기념행사를 핀란디아홀 Finlandia Hall 에서 개최하기도 했답니다. 다시 채용 인터뷰로 돌아가 볼게요. 본부장은 헬싱키 상공회의소 소개를 필두로 제가 담당하게 될 프로젝트의 배경까지 프레젠테이션 해주었습니다. 이후 서로의 기대와 의견을 나누는 인터렉티브 interactive 한 대화가 이어졌는데요. 시작할 프로젝트에 활용할 저의 현재의 역량과 과거의 경험뿐 아니라 기대하는 미래의 성장과 발전도 면접관의 주요 관심사였습니다. 지원동기와 담당할 직무에 대한 열정을 어필하는 것도 역량과 잠재력만큼 중요했고요. 앞으로 어떻게 서로의 필요를 채우며 시너지를 낼지 아이디어를 주고받은 1시간은 채용 인터뷰보다 개인 창업가로 잠재적 기업파트너와 했던 미팅과 더 흡사했죠. 한 쪽의 일방적 선택으로 성사되는 계약이 아니기에 기업과 지원자가 수평적 거리를 유지하며, 잠재적 파트너로서 서로의 전문성과 기대치를 이해하고 확인하는 과정이 인상적인 핀란드식 채용 인터뷰였습니다.

캐치볼 같은 대화를 기대하는 면접

어떤 기업 면접이 기억에 남아 있나요? 일반적으로 핀란드 면접은 2인 이상의 패널 면접관 대 지원자 1인의 심층 인터뷰로 진행되는데, 면접에서 지원자는 모든 패널 면접관에게 동일한 주의를 기울여야 합니다. 시간약속이 신뢰의 기본인 핀란드에서 면접 시간은 반드시 엄수해야 하고, 면접에 참석한 모든 사람과의 소개와 악수로 면접이 시작됩니다. 때로는 팀 상황에서 후보자를 더 잘 이해하기 위해 그룹 인터뷰가 구성되기도 하는데, 다른 지원자들의 말을 경청하는 것도 그룹 토론에 적극적으로 참여하는 것만큼 중요하죠. 면접은 보통 면접관이 회사와 포지션을 소개하고, 지원자의 전체적인 모습을 파악할 수 있는 일반 주제에 대한 대화로 시작됩니다. 이어지는 질문을 통해 면접관은 직무와 관련된 지원자의 동기 motive 를 다방면으로 파악하며, 지원자가 어떤 사람이고 지원자의 가치와 태도가 무엇인지 알고 싶어 합니다. 셀프 칭찬이 어색한 Finns는 모든 형태의 정직함을 높이 평가하기 때문에 너무 거창한 형용사로 자신을 설명하면 정직하지 않은 것으로 해석될 수도 있답니다.

핀란드 기업은 팀플레이를 할 수 있는 상호작용 스타일과 '인성'을 중요하게 생각합니다. 지원자의 능력 aptitude 만큼 태도 attitude 가 중요한 항목이라 자기주도성, 유연한 대응력 등을 확인할 수 있는 대화가 많이 오고 갑니다. 인터뷰를 마치기 전에는 급여, 근무시간과 시작 날짜를 포함한 실용적인 문제들을 논의하고, 면접관이 지원 절차의 다음 단계를 설명해 주고요. 면접이 끝나고 떠나기 전에도 참석한 모든 사람과 악수를 나누죠. 핀란드 기업은 인터뷰 후 지원자가 보낸 감사의 이메일이나 메시지를 해당 직책에 대한 지원자의 강한 관심의 표현으로 간주합니다. 면접 후 진행되는 평판 조회는 면접관이 직접 레퍼리 referee 와 연락하여 진행합니다.

핀란드 기업은 지원자의 과거 경력과 현재 역량뿐 아니라 미래의 성장잠재력을 포함한 입체적 전문역량을 채용 면접을 통해 확인합니다. 그래서 핀란드의 채용 면접은 면접관이 던지는 질문을 받아내는 포수 같은 지원자보다, 면접관과 캐치볼을 하듯 대화를 주고받는 지원자를 기대합니다. 자신의 업적과 강점을 직접적이고 간결하게 설명하고, 질문에 주도적인 태도와 과장되지 않은 자신감은 긍정적으로 여겨지고요. 솔직한 답변과 구체적 사례로 직무와 관련된 전문성을 어필하는 것만큼, 잘 준비된 질문으로 면접관의 기억에 남을 좋은 토론을 유발하는 것도 필요합니다. 기업과 지원자가 잠재적 파트너로서 서로를 대하는 핀란드식 채용문화가 우리 기업에도 조금 더 많아지면 좋겠죠?

┃ 전문성 사이의 안전거리가 조직문화의 핵심 ┃

안전거리는 자기주도적 조직문화의 핵심

기업들은 주어진 일을 하는 직원과 주도적으로 일하는 직원 중 어떤 인재를 선호할까요? 핀란드 기업의 대답은 주도적인 직원이랍니다. 핀란드 기업의 채용문화는 주어진 업무를 수동적으로 실행하기보다 주도적으로 업무를 수행하는 인재를 선발하는 과정입니다. 채용된 인재들은 창업가정신 entrepreneurship 으로 각자의 전문성을 발휘해 주도적으로 일하는 동시에 공통의 목표를 향해 다른 구성원들과 조화롭게 협업 collaboration 합니다. 이를 위해 핀란드 직장생활에서 구성원들은 보이지 않지만, 엄연히 존재하는 서로의 전문성 공간을 존중하고 배려하는 안전거리를 유지하고 있죠. 리더와 구성원이 수평적 관계로 서로의 전문성 공간 사이 유지하는 안전거리는 핀란드 기업의 자기주도적 조직문화의 핵심입니다. 서로 다른 전문분야 업무에서 A부터 Z까지의 의사결정 권한과 자기주도적 자율성은 각자의 몫이지만, 혼자만의 외로운 싸움이 아닌 같은 목표를 바라보며 함께 가는 팀이라는 의식이 강하답니다.

핀란드의 자기 주도적 조직문화는 공평과 공정성에 대한 신뢰와 기대를 기반으로 하며 투명성을 요구합니다. 경영진은 비전과 목표를 명확하게 제시하고, 기업은 업무에 필요한 정보를 투명하게 공개하며 활발한 의사소통을 적극적으로 권장하고요. 회사의 목표와 핵심가치는 구성원들의 집합적 협업으로 실현하지만, 이를 달성할 방법을 찾는 데는 구성원들의 높은 자율성을 존중합니다. 규칙과 절차, 계층은 간소화하는 대신 본부 간 정보공유와 구성원들의 상호학습peer-learning 을 위한 다양한 기회를 제공합니다. 월간회의와 타운홀 미팅townhall meeting 에 참여하는 누구나 의견을 개진하거나 질문할 수 있고 의견에 반대하거나 찬성할 수 있습니다.

상공회의소에 재직할 때 제가 속했던 애드보커시Advocacy 본부의 주요 업무는 기업들의 성장과 발전을 돕고 기업권익을 대변하는 다양한 분야의 로비활동과 프로젝트 진행이었는데요. 로비활동과 프로젝트 진행에 필요한 비용은 법인카드와 택시카드를 지급받아 자유롭게 사용하지만 사용내역은 투명하게 관리됐습니다. 애드보커시 본부의 업무 특성상 개인사무실이 주어지지만 동료들의 사무실 문은 대체로 열려 있고 기꺼이 서로에게 도움이 되려고 했습니다. 서로의 사무실에 편하게 찾아가 이야기를 나누다 보면 본부간 협업을 통한 새로운 기회가 만들어지기도 했고요. 로비활동과 프로젝트로 유입된 신규 기업의 필요에 딱 맞는 무료 법률 자문 서비스와 교육프로그램을 소개하기도 하고, 유럽기업연합Enterprise Europe Network 팀과 공동기획으로 기업회원들의 글로벌 진출을 지원하기도 했습니다.

다만, 서로의 사무실에 들어가기 전에 노크하듯, 각자의 전문성을 존중하고 도움을 가장한 선을 넘는 참견은 자제하는 기본매너는 반드시 지켰습니다. 새로운 아이디어 제안이나 피드백은 언제든 환영이지만, 나이나 근속연수가 많다고 자신의 방법과 생각을 고집하지는 않았죠. 치열한 논의를 거쳐도 의견이 여전히 다른 경우, 최종결정은 업무 담당자의 의견과 결정을 존중하는 것이 암묵적 원칙이었습니다.

매주 열리는 주간 회의에서는 각 본부의 진행 상황 설명을 듣고 자유롭고 솔직한 의견을 교환하며 다른 본부와의 다양한 협력방안을 모색했습니다. 누구나 어떤 내용이든지 질문할 수 있고 누구든지 답변할 수 있는 참여가 보장되었고, 자유로운 의사소통과 솔직한 의견으로

헬싱키 상공회의소(Helsinki Chamber of Commerce) 입구 양쪽으로 변호사들과 로비스트들의 개인사무실이 나란히 있는데 오픈도어(open door policy)를 기본으로 합니다.

인한 불이익은 없었죠. 경영진과 본부장들은 "그래서 내가/우리가 어떻게 지원해주면 될까요?"라는 질문을 자주 했습니다. 핀란드 기업에서 리더의 역할은 지시와 조정을 최소화하고 조직 전체와 본부, 팀 전반에 걸친 전략적 의사결정을 지원합니다. 가까이 다가가면 더 잘 보일 것 같지만, 리더는 적당한 거리를 두고 전체적인 큰 그림을 보면서 조화와 균형을 유지해야 하니까요.

핀란드 기업의 리더는 세세한 부분까지 간섭하고 혼자 결정하고 지시하는 마이크로 매니저 micromanager 가 아닌, 구성원들의 서로 다른 전문성을 잘 조율하고 혼자 해결할 수 없는 복잡한 문제를 함께 고민하며 적극적으로 지원하는 조력자 supporter 입니다. 다양한 이해관계자가 참여하는 프로젝트의 기획과 운영은 끊임없이 선택과 결정이 요구되는 상황을 마주하게 했죠. 그럴 때마다 본부장은 든든한 서포터이자 스파링 파트너 ^{sparring partner} 역할을 자처했습니다. 본부장이 알고 있는 제가 프로젝트를 맡기 전의 배경과 맥락을 들려주고 다른 협력 기관의 현황을 포함한 전체적인 진행 상황을 공유해주면, 조금 더 넓은 시야와 새로운 관점으로 문제상황에 접근할 수 있었습니다.

제약은 줄이고 권한은 늘리는 핀란드 기업들

핀란드 기업들이 자기주도적 문화 유지와 촉진에 진심인 건 최근 발표된『하버드 비즈니스 리뷰』의 연구결과에서도 확인할 수 있습니다. '북쪽의 실리콘 밸리'라고 불리는 헬싱키 기반의 게임 개발회사인 슈퍼셀 ^{Supercell} 과 퓨처플레이 ^{Futureplay}, 기술 컨설팅 회사인 퓨처리스 ^{Futurice} 와 빈싯 ^{Vincit}, 라스트 마일 배송회사인 볼트 ^{Wolt} 는 지난 몇 년간 스케일업과 혁신으로 글로벌 성공을 이룬 핀란드를 대표하는 신생 기업들이죠. 이 스타트업 클러스터는 공통적으로 공평과 권한 부여의 가치를 유지하며 공식적인 규제와 절차와 조정을 최소화하고, 구성원의 높은 자율성을 보장하며 정보를 최대한 공유합니다. 또한, '빠른 실패' 원칙에 집중해 실패를 용인하고 축하하는 조직의 학습문화를 장려하고요. 퓨처리스는 AI를 도입해 '누가 무엇을 알고 있는지 ^{who knows what}'를 빠르게 파악해 구성원 간 경험, 역량, 지식 공유를 지원하고 있고, 보고나 문서작업의 제약을 줄이고자 슬랙 ^{Slack: 클라우드 기반 협업 도구}과 문서, 일정에 있는 데이터소스를 활용한 특수 검색엔진도 개발해 운영 중입니다.

자기주도적 구성원들의 높은 책임감^{accountability} 과 동기부여 ^{motivation}
와 업무몰입 ^{engagement} 이 기업혁신과 성공으로 이어진다는 걸 이미 경
험한 핀란드 기업들은 '넌센스도 없고 헛소리도 없다.' ^{no nonsense, no}
^{bullshit.} 며 제약은 줄이고 권한은 늘리는 데 열심이고 진심입니다.

│ 성장을 위한 여백 '즉시전력감'과 '성장잠재력' 사이 │

잠재된 능력의 발판인 심리적 안전감

핀란드 기업은 왜 수평적 관계로 각자의 전문영역 사이의 거리를 존
중하고 배려하는, '거리두는' 조직문화를 실천하는 걸까요? 핀란드 기
업의 거리두는 문화가 구성원들이 심리적 안전감을 느낄 수 있는 환경
이 되기 때문이죠. 이 심리적 안전감은 구성원 각자가 현재의 '즉시전
력감'에서 미래의 잠재력으로 나아가며, 지속해서 성장할 수 있는 안
전한 환경의 토양과 같습니다. 『매일경제』는 몇 년 전 '경력 이직하려
면 '즉시전력감'을 어필하라'는 타이틀의 기사를 낸 적이 있습니다.
국내 경력직 공채의 성공노하우를 소개하면서, 당장 해야 할 임무를
성공적으로 완수할 수 있는 역량인 '즉시전력감'을 어필하라고 조언
합니다. 하지만 심리적으로 안전한 환경을 제공하는 조직에서 구성원
은 자신이 가진 역량을 발휘한 '즉시전력감'으로 해야 할 임무를 완수
하는 데 그치지 않습니다. 심리적 안전감은 구성원 개개인이 '즉시전력
감'을 넘어 아직 사용하지 않은 잠재된 능력을 발견하고 ^{discovering} 성장

기회를 알아채는 discerning 단계까지 스스로 나아가게 합니다.

온보딩부터 경험하는 심리적 안전감

핀란드 기업들은 직원들이 온보딩 onboarding 과정에서부터 즉시전력감을 넘어서 성장잠재력을 발휘할 발판이 되는 심리적 안전감을 경험할 수 있도록 합니다. 핀란드 기업의 온보딩 과정은 몇 시간, 혹은 며칠 간의 오리엔테이션만이 아닙니다. 신규 입사자가 심리적 안전감을 느끼고 조직에 안착하도록 인재를 환영하고 talent reception 통합하는 talent integration 긴 여정이죠. 채용문화에서 경험한 개인의 각기 다른 전문영역 존중과 마찬가지로, 신규 입사자의 직무와 조직에 적응할 시간과 방법의 다양함도 인정하고 존중합니다. 빠른 업무 파악으로 기대한 역량을 발휘해 최고의 퍼포먼스를 내는 것보다, 신규 입사자가 회사와 동료들로부터 환영받고 있다고 느끼고 직무에 필요한 것들을 익히며 안정적으로 정착하는 데 초점을 맞춥니다.

인재경영 생태계(Ecosystem of Talent Management) © Future Place Leadership

핀란드에서 창업 경험은 있지만 직장생활은 처음이었던 저의 경우, 일반기업과도 다른 상공회의소 업무가 초반에는 생소하기도 했습니다. 상공회의소 첫 출근 후 며칠 동안은 회사가 준비한 기본적인 온보딩 프로그램에 참석하고, 동료들의 사무실을 돌며 인사를 나누고 점심과 티타임을 함께 했죠. 프로젝트에 참고할 만한 정보와 자료들을 전달받기도 했지만, 프로젝트 기획과 운영에 필요한 많은 부분은 직접 찾아보고 연구하며 제 방법과 속도대로 업무를 파악할 시간과 기회가 주어졌습니다. 프로젝트를 진행하면서 협업이 필요할 부서와 동료들을 미리 파악해 두면 좋을 것 같다는 생각에 본부장에게 상공회의소 다른 본부들이 하는 일을 조금 더 알고 싶다고 말했죠. 본부장의 협조 요청 메일을 받은 타 본부장들은 기꺼이 시간을 내어 자기 본부의 업무를 설명하고, 제가 더 알고 싶어 하는 특정 업무를 담당하는 동료들을 소개해주며 '필요하면 언제든 편하게 찾아오라'는 당부도 잊지 않았습니다. 이후에도 지속된 회사와 동료들의 지원과 배려는 제가 상공회의소에 안착해 업무를 파악하고 두려움 없이 새로운 시도를 할 수 있는 원동력이 됐습니다.

기업이 비용과 시간을 투자해 채용한 인재가 입사한 회사의 문화와 업무에 익숙해지고 조직에 적응하는 온보딩 과정은, 새로운 토양에 뿌리를 내리고 안전하게 자리 잡는 것과 같습니다. 가지가 자라고 잎이 무성해지고 꽃을 피우고 열매를 맺는 건 그 다음의 일이죠. 빠른 업무 파악과 최고의 역량으로 퍼포먼스를 내려면, 조직에 적응하고 심리적 안전감을 느끼는 소프트 랜딩 soft-landing 단계가 선행되어야 합니다. 지원자를 평가하고 선발하는 과정뿐 아니라 신규 입사자를 환영하고 조직에 적응하도록 돕는 과정까지가 채용프로세스에 포함되어야 합니다. 심리적 안전감을 느끼며 구성원 각자의 속도와 방법대로 기업에 제대로 뿌리내려야, 자신이 가진 성장잠재력을 발휘해 성과를 내고 기대를 뛰어넘는 열매를 맺을 수 있습니다.

| 제조기업에 심리학 전문가를 왜? |

기업의 혁신으로 이어지는 심리적 안전감

혁신적 기업과 리더는 무엇에 관심을 두고 있을까요? 핀란드 기업과 리더의 관심은 구성원 스스로가 성장 기회를 찾고 만들어갈 수 있는 안전한 환경을 제공하는 데 있습니다. 구성원이 '즉시전력감'을 지렛대 삼아 강점을 구축하고 증폭할 수 있도록 지원하고, 탐구와 시도로 성장잠재력을 분출하도록 격려하는 거죠. 핀란드 기업과 리더가 지속적으로 구성원들의 배움과 성장을 지원하고 지지하는 환경을 제공하면, 구성원들의 성장과 배움곡선 learning curve 이 기업의 수익곡선 earning curve 으로 이어집니다. 구성원 각자의 잠재적 능력이 개발되고 역량이 강화되면, 이를 통해 기업의 수익도 지속해서 향상되고 기업의 창조적 혁신에도 기여하게 되는 거죠. 구성원의 심리적 안전감이 어떻게 기업의 혁신으로 이어지는지 핀란드 100년 기업 KONE꼬네의 사례를 한 번 살펴볼까요?

1906년에 건축된 핀란드 국회 건물의 문 없는 피터노스터(paternoster) 엘리베이터도,
신축건물의 투명한 엘리베이터도, 핀란드 100년기업 KONE가 만들었고 지금도 유지보수하고 있습니다.

심리적 안정을 통해 기업혁신을 이룬 KONE

전통 제조회사였던 KONE는 2015년 심리학 면허를 소지한 HR 컨설컨트 출신을 인재관리 총괄로 영입했습니다. 제조업 경력도, 인하우스 인사관리 경험도 전무한 그녀에게 전 세계 60여 국 6만 명이 근무하는 본사의 인사 총괄을 맡긴 파격적 인사였지만, 구성원들의 심리적 안전감을 통해 기업 혁신을 이룬 탁월한 영입이라는 평을 받고 있죠. 심리적 안전감을 제공하는 업무환경을 위해 신임 인재관리 본부장은 먼저 경영진의 지원과 참여를 기반으로 조직 신뢰도 향상에 집중했습니다. 경영진의 구성원 신뢰도가 높은 조직일수록 구성원들이 심리적 안전감을 느껴 업무몰입도 engagement 향상으로 이어지기 때문입니다. 이러한 높은 신뢰도의 업무환경에서 길러지는 감성 지능은 구성원 개개인의 효과적 자기통제력의 핵심일 뿐 아니라, 팀원 간의 다양성을 연결해 기업 성과와 혁신으로 이어지게 하는 리더십의 토대가 됐습니다.

이후 KONE의 신임 인재관리 본부장과 경영진은 사무직뿐 아니라, 생산직과 A/S 현장 근무자에게도 자율성 autonomy 을 존중하고 권한을 부여 empowerment 하며 자기주도적 문화를 전사적으로 확산해 갔습니다. 각 분야 전문가인 프로로서 존중받는 개개인의 심리적 안전감과 업무 자신감은 구성원들의 업무몰입과 퍼포먼스로 이어졌죠. 더불어, 구성원들이 자신의 성과를 제대로 인정받는 recognition 공정한 평가 보상 시스템을 구축했습니다. 공정한 평가와 정당한 인정은 구성원 스스로 역량을 강화 reinforcement 하고 지속해서 성장하면서 새로운 가치를 창조하는 데 강한 동기로 작용했습니다.

이러한 심리적 안전감은 생산직, A/S 현장직, 사무직 구성원 모두가 익숙함에서 오는 편안함을 벗어나 두려움 없이 새로운 시도를 실행할 수 있는 환경을 제공했습니다. 지금도 KONE 구성원 개개인은 성장 잠재력을 최대한 발휘해 건물의 수명 주기 동안 건물에 가치를 더하고 있습니다. 스마트한 건물에서 사람들의 이동을 효과적으로 돕는 피플 플로우 People Flow 를 통해 더 안전하고 편리하며 신뢰할 수 있는 KONE

의 제품과 서비스로 혁신과 성장을 함께 만들어가고 있죠. KONE는 『포브스』가 선정한 세계에서 가장 혁신적인 기업목록에 이름을 올린 유일한 엘리베이터 회사이자, 유럽 상장기업 중 혁신기업 6위로 선정되는 등 지금도 꾸준히 글로벌 혁신기업 리스트에 이름을 올리고 있습니다. 심리적 안전감을 느끼는 환경에서 전문성과 성장잠재력이 존중받는 구성원들이 KONE의 수익향상과 창조혁신에 기여하면서 기업의 비약적 도약을 가능케 한 거죠.

성장을 위한 넉넉한 여백

'오늘의 승자가 반드시 내일의 승자라는 보장이 없는 시대'를 살아가고 있는 우리는, 지금 최고의 역량을 발휘하고 있더라도 아직 성장잠재력의 최대치를 실현한 건 아닙니다. 미켈란젤로는 조각 작업이 대리석을 깎아 만드는 과정이 아니라 대리석 안에 이미 내재해 있는 형상을 드러내는 과정이라고 했죠. 핀란드 기업과 리더가 각 분야 전문가인 구성원을 바라보는 시선도 마찬가지입니다. 지금 눈에 보이는 '즉시전력감' 뿐 아니라, 구성원의 내재된 성장잠재력까지 최대한 발휘할 수 있도록 배움과 성장의 기회를 제공하며 지원을 아끼지 않습니다. 각자의 강점을 강화하고 아직 사용하지 않은 능력을 개발하기 위해 두려움 없이 새로운 시도를 계속할 수 있는 여백, 성장을 위한 그 넉넉한 여백에서 구성원들은 심리적 안전감을 경험할 수 있습니다.

1

첫 직장의 채용 인터뷰를 기억하시나요? 인상적으로 좋았던 혹은 불편했던 기억은요? 채용 인터뷰에서 가장 중요하다고 생각하는 항목들은 무엇이고 왜 그렇게 생각하나요? 면접관(interviewer)과 면접대상자(interviewee)의 입장에서 중요도의 우선순위나 항목에 차이가 있나요? 있다면 어떻게 달라지는 경험을 했나요?

2

우리 조직에서 내 전문영역이 존중받고 있다는 걸 언제, 어떻게 경험했나요? 우리 조직 리더들은 구성원들의 전문영역 존중을 어떻게 실천하고 있나요?

3

나는 어떤 업무환경에서 심리적 안전감과 업무 자신감을 경험하나요? 우리 조직은 구성원의 잠재적 능력개발과 역량 강화를 위해 어떤 지원을 하고 있나요? 구성원 스스로 성장 기회를 찾아 시도할 수 있는 심리적 안전감을 느끼는 업무환경을 제공하기 위해 우리 조직과 리더가 실천하고 있는 것들은 무엇인가요?

도시 생활의 흐름을 개선하는 KONE

높은 빌딩이 많지 않은 헬싱키지만 엘리베이터가 있는 곳이라면 국회, 호텔, 학교, 쇼핑몰, 아파트에 상관없이 KONE 로고를 쉽게 찾을 수 있습니다. 1910년 창립된 핀란드 대표 기업 중 하나인 KONE는 엘리베이터 및 에스컬레이터 산업의 글로벌 리더입니다. 110년 전 전통적인 제조기업으로 시작했지만, 디지털 시대인 지금도 여전히 핀란드 안팎의 인재들이 모여들고 있죠. 전 세계 60개국 이상에서 사업을 운영하며 연간 99억 유로의 매출 2020년 기준을 올리고 있고, 6만 명 이상의 직원이 세계 각국의 55만 명의 고객에게 서비스를 제공하고 있습니다. KONE의 미션인 '도시 생활 흐름의 개선 Improving the flow of urban life'은 도시화를 이해하고 파트너 및 고객과 함께 도시가 더 지속가능한 살기 좋은 곳이 되도록 돕는 것을 의미합니다.

사람들의 원활한 흐름을 추구하는 KONE

헬싱키 서쪽에 위치한 에스뽀시 City of Espoo에 있는 KONE HQ 를 방문하면 건물에 도착하는 순간부터 회의실로 이동할 때까지 KONE의 'People Flow Experience 피플 플로우'를 직접 체험할 수 있습니다. KONE가 추구하는 이상적 흐름은 원활하고 안전하며 편안하게 기다리지 않고 움직일 수 있도록 사람들이 건물 안에서 이동하는 방식을 개선하는 데 있죠. 미리 등록된 번호의 차량이 건물 주차장에 도착하는 순간부터 시작되는 'People Flow Experience'는, 시간대에 따른 엘리베이터 층간 트래픽을 고려하고 도착지점과 목적지 간의 총 이동 시간을 최적화합니다. 로비와 여러 개의 문, 공간, 홀을 지나 최종 목적지인 회의실에 도착할 최적의 경로는 등록된 번호의 스마트폰으로 알려줍니다.

3   말과 말 사이
거리두는 문화

- In the silence behind what can be heard lies the answers
- we have been searching for so long.
- 들리는 것 이면의 고요함 속에 우리가 그토록 오랫동안 찾던 답이 있다.
- **Andreas Fransson**

| 어색한 침묵을 견뎌야 하는 이유 |

대화의 일부인 침묵

"공간을 채우기 위해 말하기보다 공간을 열기 위해 침묵하라."
어느 블로그에서 본 이 문장으로 핀란드의 독특한 커뮤니케이션
communication 문화, 말과 말 사이 거리두는 문화를 소개해보려고 합니
다. 만약 친구와 혹은 동료와 대화를 나누다 몇 초간 침묵이 흐른다면
어떨까요? 생각만으로 벌써 불편하고 어색하진 않나요? 핀란드에 사
는 울꼬마라이넨 ulkomaalainen: 외국인 의 반응도 동서양을 불문하고 대체로
비슷합니다. '어? 이게 뭐지? 왜 이러는 거야?' 당황하는 것도 잠시, 대
화를 나누던 누군가 재빠르게 화제를 전환하거나 반 박자 늦은 추임

새를 넣습니다. 마치 배구 경기에서 공이 바닥에 떨어지지 않도록 악착같이 받아내려는 선수들처럼 말이죠.

공백을 채워준 누군가의 순발력으로 대화의 흐름이 끊기는 상황을 모면해 다행이라고 생각하는 외국인들은 서로 눈을 맞추며 안도의 한숨을 내쉬고 대화를 이어가곤 합니다. 그런데 그 여럿 중에 외국인이 나 혼자이거나 Finn과 단둘이 이야기를 나누는 상황이라면, 어떻게든 대화를 살려내고 이어가는 그 누군가가 내가 되어야 하죠. 그러다 보면 사회자처럼 진행을 보고 있거나 무심코 혼자 너무 많은 말을 하는 걸 깨닫곤 민망해지기 일쑤입니다. 핑퐁처럼 끊임없이 주고받는 대화에 익숙했던 저는 대화 중 흐르는 침묵이 처음엔 어색하고 불편했고 적응하기까지 다소 시간이 걸렸는데요. 지금은 침묵도 대화의 일부인 Finn의 커뮤니케이션 문화를 존중하고 좋아합니다.

핀란드의 수도 헬싱키 해안가에 위치한 까이보 공원(Kaivopuisto)은 여름이면 피크닉을 즐기는 사람들로 가득합니다. 여름햇살과 해변의 해넘이를 즐기며 친구들과 대화를 나누는 동안에도 침묵의 순간은 어김없이 찾아옵니다.

존중과 경청의 표시인 침묵

핀란드에는 "말하는 건 은이고 듣는 건 금이다." ^{Puhuminen on hopeaa,} vaikeneminen kultaa. 라는 속담이 있습니다. 핀란드에서 대화 속의 침묵은 사회적 상호작용에 필수이며, Finns는 대화에서 잠시 멈추는 침묵을 적절하고 우호적으로 여깁니다. 말 잘하는 것보다 침묵의 가치를 더 높게 생각하는 Finns는 공백을 채우는 공허한 말이나 의미 없는 농담보다 침묵을 선호합니다. 대화 속의 침묵은 말과 말 사이, 상대방의 말과 내 말을 이어주는 다리가 되고 다음에 올 메시지에 집중할 수 있는 공간을 열어 주니까요. 침묵은 내가 집중해서 상대방의 말을 듣고 있다는 존중과 경청의 표현이고, 상대방의 언어로 표현된 말의 내용을 내 언어로 소화하고 이해하는 과정인 거죠. 잘 말하려는 성급함은 의사소통의 기본인 공감과 경청의 기회를 빼앗고, 잘 듣지 않아서 발생한 오해와 왜곡은 결국 의사소통의 걸림돌이 되기도 합니다. 말과 말 사이 비어 있는 공간을 채우는 성급함 대신, 침묵을 선택해 경청과 공감과 이해의 공간을 여는 독특한 핀란드식 커뮤니케이션 문화는 의사소통의 본질을 다시 한번 생각하게 합니다.

❘ 대화가 필요해 ❘

독백이 아닌 상호작용인 대화
대인관계의 기본인 의사소통은 직장생활의 필수능력이기도 합니다. 직장생활에서 우리는 정보를 전달하고 의견을 나누며, 때론 설득하고 종종 사기를 진작시킬 목적으로 의사소통을 합니다. 모두가 소통하기 원하고 소통을 잘하기 위해 노력하지만, 안타깝게도 누구나 소통에 탁월한 것은 아닙니다. 어떻게 해야 의사소통을 잘할 수 있을까요? '직장에서 인정받는 말하는 법', '연봉을 결정짓는 의사소통 능력', '말 잘하는 사람이 인정받는 시대'라는 글들의 제목처럼, 유창한 언변만 갖추면 정말 의사소통을 잘하는 걸까요? 의사소통은 나 혼자만 독백 monologue 으로 일방통행을 전력질주 하는 것이 아닙니다. 의사소통은 여럿이 참여하는 대화 dialogue 이고 말하는 사람과 듣는 사람 사이의 상호작용 interaction 을 통해 정보를 다루는 과정입니다.

그런데도 직장생활을 하다 보면 대화를 가장한 독백으로 채워진 의사소통 상황을 종종 마주하게 됩니다. 상호작용이 기본인 대화의 본질은 잊은 채 상대방의 말이 끝나기가 무섭게 내 생각들을 쏟아내는 데 익숙해지면, 상대방의 말을 듣는 동안에도 내가 다음에 할 말을 생각하느라 머릿속이 분주해지기도 하고요. 심지어 도로에서 갑자기 끼어드는 얌체 운전자처럼, 깜빡이도 켜지 않고 대화에 불쑥 끼어드는 무례함에 얼굴을 찌푸리게 될 때도 있죠. 상대방의 말이 채 끝나기도 전에 상대가 할 말을 가로채는 비매너의 성급함 때문에 "Let me finish!" 말 좀 끝까지 들어보세요! 라는 표현이 필요한 상황도 있습니다. 이러한 잘못된 대화의 습관은 소통을 방해하고 불필요한 왜곡과 오해로 이어지게 됩니다.

신뢰도와 생산성을 높이는 경청과 공감

우리는 이미 의사소통에서 말하는 능력 못지않게 상대방의 생각과 감정을 이해하고 공감empathy하기 위해 주의 깊게 적극적으로 듣는 경청attentive and active listening이 중요하다는 걸 잘 알고 있죠. 특히 기업은 다양한 사회적 경험과 교육적 배경을 가진 개인이 모인 집단이기에, 동일한 내용도 제각기 다르게 받아들이고 반응합니다. 그래서, 내가 가진 정보를 명확하게 전달하는 능력도 중요하지만, 상대방 입장에서 어떻게 해석되고 받아들일지도 고려해야 하는 거고요. 내 안의 잡음을 줄이고 상대방의 말에 집중하는 경청과 내 관점을 내려놓고 상대방의 관점에서 이해하려는 공감은 구성원 간 신뢰관계를 쌓아가는 든든한 버팀목이 됩니다. 다양한 구성원들이 경청과 공감을 통해 지각의 차이를 좁히고 선입견을 줄여갈 때 조직의 신뢰도 또한 향상됩니다.

경청과 공감을 잘하는 기업은 어떻게 더 높은 성과를 창출하는 걸까요? 경청과 공감은 기업이 공급자 마인드로 제품과 서비스를 만들지 않고 고객을 더 잘 이해하고 올바른 가치를 제공하게 합니다. 고객의 입장에서 그들의 불편에 공감하며 그들의 목소리에 귀를 기울이기 때문에 고객을 감동하게 하는 제품과 서비스가 탄생하는 거죠. 그래서, 고객과 소통하며 고객으로부터 배우는 자세를 유지하는 기업은 고객과 신뢰 관계를 구축하며 성장해 갑니다. 기업의 내부고객인 구성원을 대할 때도 마찬가지입니다. 조직이 구성원들의 목소리에 공감하고 경청할 때 조직 신뢰도가 향상되고, 효율적 정보공유와 의사결정을 통해 조직의 생산성을 높이게 됩니다.

리더가 공감과 경청능력이 부족하면 어떻게 될까요? 이런 리더는 구성원들의 동기를 저하시키고, 말해도 소용없다는 생각으로 좌절하고 침묵하게 합니다. 하지만 자신과 다른 생각도 경청하고 포용하는 리더는 조직 내 효율적 정보공유와 의사결정을 촉진하고, 구성원들이 집단 창의성을 발휘할 수 있게 하죠. 리더도 기업도 잘 듣고 공감하려면 성급함을 내려놓고 상대방의 말에 집중해야 합니다. 끊임없이 자기 말만 하는 사람은 다른 사람의 말을 들을 틈도, 새로운 무언가를 배울 틈도 없습니다. 어색한 침묵을 마주하게 되더라도 상대방의 말에 경청하고 공감하는 태도를 의식적으로 실천하려는 노력이 필요합니다.

│ 사우나를 닮은 핀란드 회의문화 │

사우나를 즐기며 건강을 유지하는 Finns

Finns의 사우나 사랑은 각별합니다. 그런데, 사우나 Sauna 가 핀란드 어라는 사실 알고 계셨나요? 사우나는 연기라는 뜻의 핀란드어 사부나 Savuna 에서 유래된 말로, 핀란드 관광청에 따르면 총인구 550만 명의 핀란드에는 320만 개가 넘는 사우나가 있답니다. 아파트마다 공용 사우나가 있고 대부분의 일반가정도 사우나 시설을 갖추고 있고요. 심지어 수영장, 헬스클럽, 호텔, 공항 라운지, 패스트푸드점, 대관람차에도 사우나가 있습니다. 대부분은 달군 돌 위에 물을 부어 그 증기로 사우나를 즐기지만, 8시간 전부터 나무 땔감으로 열을 내서 연기가 자욱한 따뜻한 오두막 안에서 즐기는 Savusauna^{스모크사우나}도 있죠.

　핀란드 전통사우나가 주로 바닷가나 호숫가처럼 물가에 위치한 이유는 Finns가 사우나를 즐기는 특별한 과정 때문입니다. 먼저 섭씨 100°에 가까운 후끈한 통나무 오두막에서 몸이 노곤해질 때까지 사우나를 즐긴 후 영하 10°의 얼음장 같은 호수나 바다에 뛰어듭니다. 겨울이면 가정집 뒷마당에 쌓인 눈 위에 누워 천사의 날갯짓을 하기도 하고요. 짧은 냉수마찰이나 얼음찜질 후 다시 따뜻한 사우나로 돌아와

핀란드는 전체 국토의 75%가 숲이고 18만 개가 넘는 호수가 국토의 10%에 달하는 숲과 호수의 나라입니다.
한적한 숲에 위치한 소박한 여름별장(kesämökki)마다 숲길을 지나 호숫가로 조금 내려가면
아담한 사우나가 있습니다.

몸을 녹이는 과정을 반복하는 게 오랫동안 Finns가 사우나를 즐기며 건강을 유지해 온 전통 방식입니다.

건강한 조직을 위한 사우나 같은 회의문화

저는 핀란드 회의문화를 생각하면 사우나가 떠오르는데요. 제가 핀란드 회의문화와 사우나를 즐기는 Finns의 모습이 자못 닮았다고 생각하는 데는 몇 가지 이유가 있습니다. 먼저, 사우나를 사랑하는 Finns의 크고 작은 회의가 늘 열띤 토론으로 후끈하기 때문이죠. 평소엔 그다지 수다스럽지도 않고 잘 나서지도 않는 대체로 내성적인 Finns지만, 회의할 때만큼은 적극적이고 열정적으로 토론에 참여합니다. 중요한 의사결정을 할 때는 객체가 아닌 주체로서 각자의 목소리를 낼 권리를 행사하는 데 모두가 익숙하고 이를 당연하게 여깁니다. 그런데도 Finns는 회의의 적정온도를 꽤 잘 유지하는 편입니다. 다른 사람의 발언 중에는 말을 끊거나 끼어들지 않고 나지막하게 손을 들어 표시한 후, 침묵하고 경청하며 내 발언 순서를 기다리거든요. 직급이나 나이나 성별과 관계없이 퍼실리테이터 facilitator가 지명하는 순서대로 발언권을 주기 때문에 오디오가 물리거나 토론이 과열되는 경우는 흔치 않답니다.

두번째로 사우나 문화가 1년 중 절반이 겨울인 핀란드에서 Finns가 건강을 유지하는 비결인 것처럼, 의견개진과 경청이 오가는 토론이 조직의 건강한 회의문화를 유지하는 비결이기 때문이죠. 섭씨 70°~100° 의 후끈한 사우나와 영하 10°의 바닷물을 오가는 과정을 반복하면, 노폐물 배출과 혈액순환을 통해 지친 몸이 회복되고 면역력이 높아집니다. Finns는 회의에서도 자기 순서엔 열정적으로 의견을 말하고 ^{이완} 다른 사람의 의견을 침묵으로 경청^{수축} 하기를 반복하면서, 개인의 건설적인 토론 근육을 기르고 조직의 건강한 회의문화를 유지합니다.

세번째는 핀란드 사우나에서 달궈진 돌 가까이 앉은 사람이 돌들 위에 물을 부어 주는 역할을 담당하듯, 핀란드 회의에서 퍼실리테이터 역할도 비슷하기 때문입니다. 사우나에서 돌 위에 물을 붓는 역할을 맡으면 사우나 안의 온도가 너무 내려가지 않도록 적당한 타이밍에 물을 부어야 하고, 증기가 어느 한 방향으로 쏠리지 않고 모든 사람에게 골고루 퍼지도록 세심한 배려도 해야 하죠. 회의에서 퍼실리테이터도 토론이 너무 과열되거나 회의 분위기가 너무 다운되지 않도록 회의 진행을 원활하게 촉진하는 역할을 해야 합니다. 집단지성을 도출하는 회의 참가자 모두가 공동의 목적을 위해 적극적으로 의견을 내고 경청할 수 있도록 유도하고, 다양한 아이디어와 논의가 효과적인 합의형성으로 이어질 수 있게 하는 것이 퍼실리테이터의 역할입니다.

마지막으로 핀란드 아파트마다 있는 공용 사우나를 예약한 시간에만 이용하는 것처럼, 핀란드 회의문화도 미리 약속한 일정에 따라 회의 시작뿐 아니라 종료시간도 반드시 지켜야 하기 때문입니다. 집안에 사우나가 있는 대부분의 가정은 매주 수요일이나 토요일 저녁 시간에 사우나를 즐깁니다. 하지만, 아무리 사우나를 사랑하는 Finns도 사우나에 너무 오래 머물거나 지나치게 자주 하지는 않죠. 회의도 마찬가지입니다. 시간 엄수 punctuality 는 회의 시작뿐 아니라 종료시간에도 엄격하게 적용되고, 회의 시간이 너무 길어지거나 지나치게 자주 회의를 하는 것도 지양합니다. 거리두기로 다른 사람의 공간을 존중하는 Finns는, 시간 엄수로 다른 사람의 시간도 존중합니다.

핀란드 회의문화는 리모트워크로 늘어난 온라인회의에도 맞춤형입니다. 순차적 발언이 기본인 온라인회의에서는 참여를 유도하고 회의를 진행하는 퍼실리테이터의 역할이 중요합니다. 참가하는 구성원 모두 제시간에 모여 다른 동료들의 의견은 경청하고 내 순서에는 적극적으로 의견을 개진하며 정해진 시간 안에 합의를 도출해야 합니다. 감정이 아닌 차가운 이성으로 뜨겁게 토론하는 실력을 키우고, 다양한 아이디어를 효과적으로 주고받으며 약속한 시간을 지켜 꼭 필요할 때 필요한 만큼만 하는 핀란드 회의문화를 우리 조직도 실천해보면 어떨까요?

│ 화려한 포장지는 버리셔도 됩니다 │

담백한 핀란드식 영어

핀란드에는 핀란드어와 스웨덴어 두 가지 공식 공용어가 있습니다. 영어는 공용어가 아니지만, Finns는 영어를 꽤 잘 구사하기로 유명합니다. 2017년 스웨덴 글로벌 교육기업 EF이 발표한 영어능력지수 English Proficiency Index 에서 핀란드는 당당히 6위에 이름을 올리기도 했고요. 핀란드에서 공부하고 일하고 생활하는 7년 동안 국제 공통어 lingua franca 인 영어만 사용했는 데도 전혀 불편을 느끼지 못했을 정도입니다. 그런데도 핀란드식 영어는 12년간 코카콜라 같은 글로벌 기업에서 근무하면서 익숙했던 영어와는 사뭇 다르게 느껴졌습니다. 발음이나 broken English 원어민은 알아듣지 못하는 문법과 의미가 엉터리인 영어 같은 이유가 아니었는 데도 말이죠.

시간이 조금 지나 깨달은 건 Finns가 영어를 구사할 때 형용사나 부사와 같은 수식어가 절제된 담백한 표현을 선호한다는 사실이었습니다. 제가 영어권 국가에 본사를 둔 외국계 기업에서 근무할 때는 "Good job."이 잘했다는 칭찬이 아닌 주어진 일을 그럭저럭해냈다는 느낌이고, 습관처럼 사용하는 'excellent', 'fabulous', 'perfect', 'awesome'도 단어 그대로의 의미보다는 그저 말과 말 사이를 채우는 식상한 추임새 같았거든요. 그런데 핀란드식 영어에서는 "Not bad."도 잘했다는 칭찬이고, 지나치게 과장된 표현은 오히려 진정성에 의구심이 들게 할 수도 있다는 것을 시간이 조금 지난 후에 알게 되었습니다.

핀란드식 의사 표현에선 영어든 모국어든 마음에 없는 빈말이나 그냥 던져보는 안부 인사는 좀처럼 하지 않습니다. 월요일 아침 커피메이커 앞에서 마주친 핀란드 동료에게 "미따꾸울루" Mitä kuuluu?: 영어로 'How are you?'의 의미 라는 인사를 건넬 땐, "Fine, thank you. And you?" 같은 기계적 응대를 기대하면 안 됩니다. 인사말을 건네기 전에 그 동료가 주말을 어떻게 보냈는지 들을 시간과 마음의 여유가 지금 내게 있는지 먼저 생각하고 물어봐야 하죠. 우리는 "언제 밥 한번 먹자."라는 말을 인사말처럼 주고받지만, 상대가 Finn이라면 이야기는 달라집니다. 스마트폰이나 다이어리를 열고 가능한 날짜와 시간을 확인하기 시작할 테니까요.

이런 낯선 경험이 처음엔 어색하기도 했지만, 지금은 말의 무게를 꾹꾹 담아 전달하는 진정성 있는 핀란드식 의사 표현이 오히려 더 신뢰가 가고 편하게 여겨집니다. Finns와 의사소통 할 때는 넘겨짚거나 지레짐작하거나 눈치로 행과 행 사이 의미를 파악하려고 애쓸 필요가 없습니다. 암암리에 넌지시 암시적으로 말하지 않고, 어림잡고 에둘러 하는 표현들로 해석의 여지를 상대방에게 넘기지도 않고요. '말하지 않아도 그저 바라보면 음…' 하고 서로의 생각을 알아주길 무책임하게 기대하거나, 거절 의사를 명확히 하지 않은 채 여지를 남겨 희망 고문을 하지도 않습니다. 담백하고 진실한 핀란드식 표현은 서로의 말을 더 신뢰할 수 있게 합니다.

매년 1,000여 명의 각국 정부, 기업, 학계 전문가가 모이는 국제 메트로폴리스 컨퍼런스에 초대받아
방문한 헤이그(The Hague)에서 다양한 전문가들과 교류하는 동안
핀란드에서 익숙해졌던 핀란드식 영어와의 확연한 온도 차이를 다시 한번 경험했습니다.

팩트와 본질에 집중한 의사표현

언어는 공동체 문화를 닮은 삶의 문법이고, 생각과 경험을 담아내는 그릇이라는 표현에 공감하시나요? 일상에서 사용하는 의사 표현에는 그 언어를 사용하는 사람들의 삶의 태도가 드러난다고 하죠. 핀란드식 의사 표현에도 핀란드 사람들의 성향이 그대로 드러납니다. Finns 는 대체로 자신의 삶에 대해 현실적인 기대를 하는 경향이 강합니다. 무언가 기대를 초과하면 겸손하게 행동하고, 자랑보다 자기비하 농담을 즐깁니다. 그래서 핀란드식 의사 표현도 영어든 모국어든 과장되지 않고 직설적이며 팩트와 본질에 집중합니다.

핀란드식 의사소통은 화려한 미사여구와 수식어로 말을 치장하는 대신 담백하고 직설적인 표현을 선호합니다. 특정 집단 사람들만 알아듣는 전문용어를 남발하지 않고 모두가 이해를 같이하는 데 중점을 두는 거죠. 업무 이메일을 주고받을 때도 날씨와 안부를 묻는 다정한 표현은 생략하고 바로 본론으로 들어가 용건을 명확하게 전달하는 데 집중하고요. 회의나 프레젠테이션을 할 때도 일반 비즈니스 대화를 할 때도 팩트와 숫자fact & figures 언급이 잦은 편입니다. 핀란드 기업 대상 강연이나 워크샵을 준비할 때면 그들이 가장 좋아하는 통계와 도표를 첫 페이지에 넣곤 했는데, 팩트와 숫자를 본 Finns는 만족한 얼굴로 집중하기 시작했습니다.

팩트와 숫자에 기반한 표현은 자신의 의견에 확신을 더하고 상대방의 이해와 설득에 도움을 주며 의사결정과 합의에 효과적입니다. 같은 말도 듣는 사람과 상황에 따라 해석이 달라질 수 있습니다. 모호한 표현은 정확하지 않은 정보나 타당하지 않은 주장을 그럴듯하게 꾸미려고 할 때 쓰이죠. 어림잡은 수치와 공감대 없는 지시대명사, '적당히, 잘, 센스 있게' 같은 애매한 부사가 난무하는 말은 오해와 왜곡을 초래하기도 하고요. 나만 알아듣는 표현이 아닌 명확하고 분명한 팩트에 기반하는 핀란드식 표현은 이해의 폭을 넓히고 오해의 소지를 낮춥니다.

    핀란드식 의사 표현은 정확한 팩트와 숫자로 의견을 뒷받침하고 화려하게 포장하지 않은 속이 알찬 진짜 말로 담백하고 진실하게 커뮤니케이션 합니다. 불필요한 오해나 정보의 왜곡이 없는 핀란드식 의사소통은 기업의 정보공유와 의사결정에서 그 진가를 발휘합니다. 자신이 한 말의 무게를 알고 스스로 책임지는 진정성이 담긴 의사표현은 서로를 신뢰하는 조직문화의 첫걸음이 됩니다. 화려한 미사여구와 무분별한 전문용어의 폭격을 멈추고, 담백하고 분명하고 명확하게 핵심과 본질을 전달하는 핀란드식 커뮤니케이션 문화를 시작해보는 건 어떨까요?

1

우리 팀의 온라인/오프라인 회의문화는 어떤 모습인가요? 회의를 시작하고
마치는 시간약속은 잘 지켜지고 있나요? 회의 퍼실리테이터 역할은 누가, 어
떻게 하고 있나요? 회의참가자 모두의 적극적 참여와 활발한 토론, 효율적이
고 생산적인 회의문화 정착을 위해 어떤 변화를 어떻게 실천할 수 있을까요?

2

자신이 알고 있는 정보가 불확실하거나 요구하는 바가 불분명할 때 사용하
게 되는 표현에는 어떤 것들이 있나요? 기업 내 의사소통에서 서로 다른 해
석으로 정보의 왜곡이나 불필요한 오해를 경험한 적이 있다면 어떤 경우였
고, 무엇이 해석의 차이를 만들었다고 생각하나요?

4. 일과 일 사이
거리두는 문화

■
■
■

Rest is not idleness, and to lie sometimes on the grass under trees on a
summer's day, listening to the murmur of the water, or watching the
clouds float across the sky, is by no means a waste of time.
휴식은 게으름이 아니다. 여름날 이따금 풀밭에 누워 잔잔히 흐르는 물소리를 듣거나
하늘에 떠가는 구름을 보는 것은 결코 시간낭비가 아니다.
John Lubbock, The Use of Life

| 별다법, 커피브레이크 |

핀란드가 최대 커피 소비국인 이유

어떤 커피를 좋아하세요? 아아^{아이스 아메리카노}? 뜨아^{뜨거운 아메리카노}? 혹시
손이 꽁꽁 얼어붙는 겨울에도 아아만 고집하는 얼죽아^{얼어 죽어도 아이스 아}
^{메리카노} 이신가요? 제가 푹푹 찌는 한여름에도 뜨겁고 진한 커피만을 고
집하게 된 건 7년 동안 익숙해진 핀란드식 커피 취향 때문인데요. 커피
를 많이 마실 것 같은 나라로 아메리카노의 고향 미국이나 에스프레
소의 원조 이탈리아 혹은 카페가 많은 프랑스를 떠올리기 쉽지만, 수
년간 국제 커피 기구가 선정한 세계 최고의 커피 소비국은 바로 핀란드
입니다. 1인당 연간 12kg의 커피를 소비하는 Finns는 이탈리아인^{5.8kg}

의 두 배가 넘는 양의 커피를 마시거든요.

Rank	Country	Coffee Consumption (Lbs per Person Per Year)
1	Finland	26.45
2	Norway	21.82
3	Iceland	19.84
4	Denmark	19.18
5	Netherlands	18.52
6	Sweden	18
7	Switzerland	17.42
8	Belgium	15
9	Luxembourg	14.33
10	Canada	14.33

⊕WorldAtlas
Top 10 Coffee Consuming Nations

커피를 많이 마시는 국가 Top 10에는 에스프레소의 고향인 이탈리아도, 거리 모퉁이마다 카페가 있는 프랑스도,
아침 출근 시간마다 한 손에 커피를 들고 발걸음을 재촉하는 이들로 가득한 미국도 없습니다.
춥고 긴 겨울과 싸우며 살아가는 북유럽인들에게 커피는 기호식품이 아닌 생존 필수품이기 때문입니다.

핀란드가 한 사람당 하루에 머그잔 가득 대략 열 잔의 커피를 마시며 커피 소비 세계 1위를 유지하는 데는 상위권을 차지한 북유럽 국가들의 공통점인 추운 날씨와 긴 겨울이 물론 한몫 했죠. 하지만 노르웨이, 아이슬란드, 덴마크, 스웨덴보다도 압도적으로 많은 핀란드 커피 소비량은 핀란드 근로법으로 정해진 커피브레이크 문화의 영향이 큽니다. 핀란드에서는 트럭을 운전하는 블루칼라에게도, 사무실에서 근무하는 화이트칼라에게도 하루 두 번 10분 동안의 까흐비 따우꼬

kahvitauko: 커피 브레이크가 법적으로 보장된 권리입니다. '별다법^{별걸 다 법률로 규제하네}'이라고 생각할 수도 있지만 일과 일 사이 휴식을 법률로 의무화하는 건 직원복지 이상의 의미가 있습니다.

생산성을 높이는 '의도적 휴식'

업무시간과 업무 생산성이 비례하지 않는다는 사실은 기업도 직장인도 누구나 알고 있는 불편한 진실입니다. 2014년 한국노동연구원이 발표한 '근로자의 근로시간, 건강, 생산성의 상관성 연구'는 한국의 장시간 근무실태가 근로자의 노동강도와 집중도를 저하할 뿐 아니라, 장기적으로 근로자와 기업 모두에게 부정적 결과를 초래한다고 경고했습니다. 그렇다면 업무시간이 아닌 무엇으로 업무 효율을 높여야 할까요? 최근 응용심리학 저널에 실린 미국 노스캐롤라이나 주립대의 연구 결과는 업무 중 '마이크로 브레이크^{microbreak: 짧은 휴식}'가 온종일 사용할 에너지의 효율적 관리를 가능하게 하고, 업무 요구사항 충족과 업무효율 향상에 도움이 된다고 밝혔습니다. 연구진은 업무와 관련 없는 스트레칭, 간식타임, 동료와의 대화시간 등을 마이크로 브레이크 사례로 제시합니다.

휴식과 생산성의 상관관계를 연구한 알렉스 방^{Alex Pang}은 '의도적 휴식^{deliberate rest}'이 일 잘하는 기술이라고 강조합니다. 『동아비즈니스리뷰^{DBR}』에 실린 인터뷰에서 저자는 휴식도 훈련이 필요한 기술이라고 말하며, 의도적 연습을 통해 휴식을 하루의 루틴에 포함해야 한다고 주장합니다. 인간의 뇌는 복잡한 문제를 마주했을 때, 의식이 신경쓰지 않고 쉬는 동안 무의식이 열심히 그 문제를 해결하기 위해 작동한다고 하죠. 의도적 휴식 루틴은 인간의 뇌가 에너지를 회복하는 '재생능력regenerative power'을 높이기 때문에 업무 몰입도와 효율성을 향상하고 더 나은 성과를 만들어 냅니다.

카페 레가타(Café Regatta)는 또올로(Töölö) 베이가 한눈에 보이는 탁월한 위치와 직접 구운 뿔라(pulla: 시나몬 롤)와 한겨울 모닥불에 둘러앉아 소시지를 굽는 낭만을 즐기는 곳으로도 유명하지만, 커피를 리필하면 돈을 내는 대신 50센트를 돌려주는 독특한 운영방식으로 헬싱키 현지인에게 사랑받는 카페입니다.

일과 일 사이 의도적인 짧은 휴식은 집중력과 창의력, 업무효율과 성과를 높여 일을 잘하기 위한 기술입니다. 의식이 잠시 쉬는 동안 열심히 일하는 무의식은, 우리 잠재력 속 아직 사용하지 않은 창조적이고 혁신적인 아이디어를 찾아내기도 합니다. 서울에는 뉴욕보다도 많은 스타벅스 매장^{서울 284개 vs. 뉴욕 277개, 2014년 기준}이 있다는 기사를 본 적이 있습니다. 우리는 이미 커피 마시는 문화를 세계에서 가장 잘 즐기고 있는 셈이죠. 이제 기업에서도 '별다법'으로 일과 일 사이 잠깐의 의도적 휴식을 도입해 구성원들의 업무효율도 높이고 기업의 혁신적 아이디어도 발굴할 기회를 만들어가면 어떨까요?

∣ 효율성 올리는 틈새 트레이닝 ∣

효율적으로 일하는 시대

고용노동부 발표에 따르면 2019년 국내 근로자 1인당 노동시간은 연간 1,957시간^{주 40.7시간}으로 OECD 국가 평균인 1,726시간보다 241시간이 더 깁니다. 주52 시간제를 도입한 이후에도 여전히 주 48시간을 초과한 장시간 근로자 비율^{17%}이 주요 선진국^{±5%}의 세 배가 넘고요. 장시간 근로 세계 2위의 불명예와 과로 사회의 전형이라는 흑역사를 조금씩 벗어나고 있지만, 아직도 우리 사회에는 성실하고 근면한 인재를 선호하는 경향이 남아 있죠. 다행인 건 지구력보다 효율성을 중시하는 국내 스타트업과 기업들이 늘고 있다는 소식입니다. 이러한 변화는 기업과 사회 전반의 인식을 전환하는 데도 긍정적 영향을 미칩니다. 최근의 리모트워크 확산은 사무실에 오래 앉아 엉덩이로 일하던 시대에서 효율적으로 일하는 시대로의 변화를 재촉하고 있습니다.

영국 공중보건국PHE과 사회적기업 전문가들이 공동발표한 논문은 현대 직장인들이 서 있는 시간을 적어도 2~4시간으로 늘려야 한다고 제안합니다. 하루 평균 7시간 이상 앉아서 일하는 자세가 혈액순환을 저해하고 척추질환, 소화 장애, 우울증, 편두통을 비롯한 만성 질병으로 이어질 우려가 클 뿐 아니라, 업무 생산성도 떨어뜨린다는 건 이미 과학적으로 입증된 사실이죠. 활동적 근무환경을 제공하는 기업주들을 대상으로 한 설문조사에 따르면, 60%의 기업이 '직원건강 개선으로 회사 의료보험비를 절감했다'고 말했고 80%는 '직원 결근이 줄어들었고 생산성을 높이는 데 효과적이었다'고 응답했습니다.

헬싱키 상공회의소 부사장(vice president)이 헬싱키시 부시장(deputy mayor)에 임명되어 회사를 떠나기 전 주간회의 멤버들과 찍은 사진인데요. 사진 속 경직된 모습과는 달리, 회의 시간엔 앉아있기보다 대체로 일어서서 스트레칭을 하면서도 늘 열정적으로 토론에 참여하는 역동적인 멤버들입니다.

업무몰입과 효율성을 높이는 근무환경

핀란드 기업은 어떻게 구성원들의 업무몰입과 효율성을 높이는 활동적인 근무환경을 제공하고 있을까요? 상공회의소의 다양한 지원 중 하나는 개인 사무실에 있는 높이 조절이 가능한 데스크와 척추를 세워서 앉도록 도와주는 말 안장처럼 생긴 보조 의자로, 필요에 따라 일어서서 일하거나 의자를 바꿔 일하기도 합니다. 한 달에 두 번 전문 마사지사가 회사를 방문해 예약한 순서대로 구성원들을 찾아가 30분간 뭉친 어깨와 거북목을 시원하게 풀어주고요. 회의 시간에도 가만히 앉아있기보다 일어서서 스트레칭이나 스쿼트를 하면서 경청하고 의견을 나누는 모습이 자연스럽죠. 구성원 각자가 가장 집중해서 효율적으로 일할 수 있는 활동적 근무환경을 스스로 선택할 수 있습니다.

나른한 오후 2~3시 즈음이면 핀란드 동료들이 사무실을 노크하며 "할루아꼬 따우꼬윰빠?" Haluako taukojumppa?: 잠깐 운동하며 쉴래? 라고 묻곤 했는데요. 핀란드어로 '따우꼬 tauko'는 휴식, '윰빠 jumppa'는 운동을 의미합니다. 커피브레이크처럼 법적 의무사항은 아니지만, 핀란드의 많은 기업들이 온라인 틈새 트레이닝 틈트 프로그램을 구입해 직원들에게 제공합니다. 일과 중에 자신이 편한 시간에 각사의 아이디로 로그인해 혼자 또는 삼삼오오 모여 모니터를 보며 동작을 따라 하는데, 3~5분 길이의 짧고 다양한 영상은 좁은 공간에서도 쉽게 따라 할 수 있는 스트레칭 동작들로 구성되어 있습니다.

틈새 트레이닝은 적은 비용으로 구성원들의 건강과 업무효율 두 마리 토끼를 동시에 잡는 스마트한 핀란드 조직문화입니다. 구성원들이 서로를 챙기며 의식적으로 공동체의 짧은 휴식 루틴을 함께 만들어갈 뿐 아니라, 동료들과 웃고 이야기를 나누며 함께 하는 동안 뭉친 몸의 근육도 풀리고 뭉친 마음의 스트레스도 풀리거든요. '틈트'는 기업이 적은 비용으로 구성원들의 몸 건강과 마음 건강을 배려하는 동시에, 의식적 휴식을 권장해 효율적으로 업무몰입을 돕는 영리한 접근법입니다. 의식적 휴식을 도입해 구성원들의 업무 집중력과 효율성, 생산성의 변화를 기대하는 기업이라면, 나른한 오후의 짧은 신체활동으로 몸과 마음 에너지를 리셋^{reset} 하는 '틈트'부터 실천해보면 어떨까요?

| 일도 일상도 안녕, 여름 셧다운 |

충분한 휴식을 선물하는 전통

'Out of Office: Finland's traditional summer shutdown.' ^{부재중: 핀란드의 전통적인 여름 셧다운} 핀란드 공영방송 율레^{Yle} 의 영문기사 제목입니다. 일 년의 절반이 겨울인 핀란드에는 겨울 동면^{winter-hibernation} 이 아닌 여름 셧다운^{summer-shutdown} 전통이 있거든요. 여름 셧다운은 춥고 어둡고 긴 겨울 동안 잘 버텨준 자신의 몸과 마음에게 백야의 여름을 즐길 충분한 휴식을 스스로 선물하는 전통입니다. 일 년 중 낮의 길이가 가장 긴 유하누스^{Juhannus: 하지} 가 지나면 핀란드 대부분의 기업과 공장은 4주 동안 문을 닫습니다. 핀란드 여름 셧다운은 한 해의 전반전에 쏟아 부은 몸과 마음의 에너지와 열정을 리셋하여 생산적인 하반기를 준비하는 데 꼭 필요한 '의도적 휴식 루틴의 확장판'이라고 할 수 있습니다.

핀란드는 왜 여름 셧다운 전통을 지키는 걸까요? 일과 일 사이, 일상과 의도적으로 거리를 두는 여름 셧다운은 개인에겐 재충전의 기회가 되고 조직에겐 시스템을 재정비할 기회가 되기 때문입니다. 과거 산업화 시대에 통하던 '근로시간=생산성'의 등식은 더 이상 성립하지 않죠. 오히려 충분한 휴식을 통한 재충전이 구성원들의 업무 집중도와 업무 효율을 높일 뿐 아니라 구성원들의 만족도 향상으로 이어집니다. 여름 셧다운은 각 직원의 업무를 다른 직원이 대신할 수 있는 백업시스템을 구축하고 기업 전반의 시스템을 정기적으로 점검하고 체계화하는 계기가 됩니다. 업무나 의사결정이 불필요하게 소수에게 편중된 경우, 담당자의 예상치 못한 공석으로 발생할 수 있는 위험을 미리 예방하고 시스템을 개선할 기회가 되니까요.

대부분의 Finns는 핀란드의 한적한 호수나 숲에 위치한 소박한 께사모끼 kesämökki: 여름별장 에서 가족들과 함께 지내는 여름휴가를 선호합니다. 침묵이 대화 중 말과 말 사이 찰나의 여백이라면 핀란드의 여름별장 문화는 침묵으로 몸에 밴 여백의 가치를 삶으로 추구하는 거리두기 확장판과 같죠. 여름별장에서 Finns는 도시의 편리함과 분주함으로부터 언플러그 unplug 하고, 의도적으로 일상과 거리를 유지하며 길고 깊은 시간과 공간의 여백을 즐깁니다. 친구의 초대로 별장에서 보낸 여름은 '고요함이 인생에 꼭 필요한 사치' Hiljaisuus on suomalainen luksus vaan välttämätön 라는 핀란드의 가치를 체험한 색다른 경험이었습니다.

핀란드 뿌우마라(Puumala) 호숫가에 위치한 친구의 여름별장(kesämökki)은 다행히도 현대식 샤워 시설과 조리시설을 갖추고 있지만, 대부분의 Finns는 여전히 여름별장에서 아날로그식 생활을 고수합니다. 당연하고 익숙한 편리함을 벗어나 삶의 본질과 마음의 소리에 조금 더 귀를 기울이려는 의도된 선택인 거죠.

헬싱키에서 자동차로 5시간을 달려 도착한 뿌우마라 Puumala 호수에서 다시 보트로 갈아타고 30분을 더 가야 하는 외딴 별장에서 지낸 처음 얼마 간은 어색하고 불편했습니다. 하지만 자정에도 해가 지지 않는 핀란드의 여름이, 정신없이 지낸 일상의 분주함과 스트레스를 비우고 자연을 통해 재충전하는 '채움'의 시간임을 직접 경험하며 깨닫게 되었죠. 여름별장에서의 하루는 정해진 기상 시간도 없고 특별한 일정 계획을 세우지도 않습니다. 그저 몸과 마음이 내키는 대로 그 순간에

고요하게 머물며 지냅니다. 아침 새소리에 눈을 뜨면 호수에서 수영을 즐기고, 낮에는 작은 보트를 타고 낚시를 즐기거나 책을 읽거나 근처 숲길을 걸으며 블루베리를 따기도 하고요. 낮에 호수에서 잡은 생선을 굽고 블루베리를 넣은 샐러드로 저녁 식사를 마치고 나면, 사우나를 즐기고 잠자리에 듭니다.

본질과 핵심에 집중하게 해주는 의도적 비움

익숙한 도시의 문명과 소음과 편리함과 거리를 두는 핀란드 여름별 장 문화는, 의도적 '비움'의 의식을 통해 자연의 일부가 되어 자연 속에 머물며 에너지와 열정을 재충전하고 회복하는 전통입니다. 최근 국내 에도 3년 근속직원에게 한 달간 안식 휴가를 주기도 하고, 전 직원에게 10일 이상의 장기휴가를 독려하거나 의무화하는 기업들이 늘어나는 추세입니다. 그런데도 엉덩이로 일하는 게 익숙해진 탓인지 여전히 긴 휴식이 어색하고 불안한 구성원이나 기업도 있습니다. 기억해야 할 건, 편안한 익숙함이 때로는 본질과 핵심을 봐야 할 우리의 시선을 가리기 도 한다는 사실이죠. 의식적 비움은 익숙함을 한 꺼풀 걷어내어 섬세한 안목과 새로운 관점으로 일과 삶의 본질과 핵심에 다시 집중하게 합니 다. 연가 보상비 절감, 업무 효율성과 직원 만족도 향상의 효과와 더불 어 창조와 혁신으로 지속적 성장을 추구해야 하는 오늘날의 기업과 개 인에게 장기휴가가 선택이 아닌 필수가 되어야 하는 이유입니다.

바쁜 업무 사이 10분의 틈트(틈새 트레이닝)과 같이 우리 조직에서 구성원의 몸 건강과 마음 건강을 배려하기 위해 실천하고 있는 것들은 무엇이고, 업무 효율성과 몰입에 어떻게 도움이 되고 있나요?

2

우리 조직은 구성원들의 열정과 에너지를 재충전하고 기업의 시스템을 재정비할 기회가 되는 일과 일 사이, 일상과의 거리두기를 어떻게 실천하고 권장하고 있나요?

5. 대담한 여백의 미로 앞서가는 핀란드 조직문화
Audacious into Advanced

■ All that is important comes in quietness and waiting.
■ 중요한 것은 모두 조용히 기다릴 때 온다.
■ **Patrick Lindsay**

번화가 속 고요의 예배당

헬싱키 중심부의 가장 번화한 나린까 광장Narinkkatori 랜드마크인 고
요의 예배당Kamppi Chapel of Silence은 도시 한복판에서 완벽한 고요함을
체험할 수 있는 공간입니다. 목재를 구부려 만든 독특한 외관이 모던
한 도시풍경과 묘한 조화를 이루는 모습을 보면 생각나는 게 있지 않
으세요? 저는 번화가 속에 오롯이 서 있는 고요의 예배당을 보면서 노
아의 방주를 연상했거든요. 예배당의 묵직한 목재 문을 열고 들어서
면 핀란드에서 가장 활기찬 도시의 한복판이라는 사실을 잊을 만큼,
믿기 힘든 고요한 내부공간을 마주하게 됩니다. 자연채광과 부드러운
목재감이 살아있는 아담한 예배당은 분주한 도시 생활에 지친 방문객
을 포용하고 그들을 보호하는 요새처럼 보이기도 합니다. 각종 스포

츠 행사와 이벤트가 끊이지 않아 늘 시끌벅적한 나린까 광장에 우뚝
서 있는 이 완벽한 침묵의 공간은, 바삐 지나던 행인의 발걸음을 붙잡
고 '고요함이 인생에 꼭 필요한 사치'라는 핀란드 가치를 잊지 말라며
무언의 메시지를 소리 없이 외치고 있는 듯합니다.

고요의 예배당(Kamppi Chapel of Silence)은 헬싱키에 대형 쇼핑몰과 레스토랑이 몰려 있는
번화가인 깜삐(Kamppi)의 랜드마크로 분주한 도심 속에서 핀란드식 고요함의 사치를
직접 경험할 수 있도록 누구에게나 열린 공간입니다.

고요의 예배당은 바쁜 일상과 도시의 소음 속에서도 의식적으로 몸과 마음에 쉼표를 찍고 휴식의 여백을 만들겠다는 '핀란드다움'을 건물 외관과 내부에 고스란히 담고 있습니다. 정신없이 바쁜 일정에 치여 살다 보면 '생각하는 대로 살지 못하고 사는 대로 생각하게' 되는 건 아닌지 문득 두려울 때가 있지 않나요? 서울의 번화가에서 수많은 인파에 파묻혀 길을 걷다 보면 문득 지금 내가 맞는 방향으로 가고 있는지 혼란스럽기도 하고, 사람들 틈에서 꼼짝달싹하지 못해 떠밀려 걷다 보면 내 의지대로 방향을 바꾸는 것조차 버거운 순간들도 있죠. 그래서 사람과 사람 사이, 말과 말 사이, 일과 일 사이에는 최소한의 안전거리가 필요합니다. 안전거리만큼 여백을 유지해야 무언가 시도하고 선택하고 성장할 가능성의 공간도 열리게 되니까요.

새로운 시도와 도약을 위한 가능성의 여백

일과 대화와 사람과의 관계에서 의식적으로 시간과 공간의 쉼표를 찍고 새로운 변화와 도약의 가능성을 펼칠 여백을 유지할 때, 집중해야 할 핵심과 본질이 더 선명해지고 또렷하게 드러납니다. 개인의 시도와 성장을 위해 일상에 쉼표를 추가해야 할 부분과, 조직의 변화 및 혁신을 위해 여백의 미를 더할 부분을 진지하게 고민해 볼 필요가 있습니다. 핀란드 기업과 사회가 추구하는 사람과 사람 사이, 사람과 조직 사이의 거리두기 문화가 만든 여백은 심리적 안전감을 누리는 삶과 업무환경을 제공합니다. 심리적 안전감은 구성원 스스로 변화를 위해 한

걸음 내디디고 각자의 속도대로 잠재력을 발산하며 지속해서 성장할 토양이 됩니다. 행복한 개인이 함께 공존하고 성장하는 건강한 기업에는 다양한 전문가들의 협업으로 새로운 창조와 혁신을 만들어갈 넉넉한 여백의 공간이 필요합니다.

그런데 생각해보면 '여백의 미'는 우리에게 이미 친숙한 한국적인 아름다움 아닌가요? 미술시간에 배워 익히 아는 것처럼, 여백은 작품의 의미를 강조하거나 내용을 풍부하게 하려는 작가의 의도를 담고 있습니다. 동양화에서 대상의 형체보다 그것이 담고 있는 심오하고 풍부한 내용을 전달하기 위해, 대상을 간결하게 표현하고 여백을 강조하는 이유이기도 하고요. 여백은 작품을 감상하는 사람들의 감정과 생각을 허용하는 여유 공간이 되기도 하죠. 그래서 한국화의 빈 여백은 오히려 대상의 형체를 더욱 생동적으로 드러나게 합니다. 논문을 쓰거나 강연 준비를 할 때마다 깨닫는 건 더하는 것보다 빼는 과정이 훨씬 더 어렵고 고통스럽다는 사실입니다. 그렇지만 불필요한 치장과 중요하지 않은 것들을 걷어내고 나면, 본질이 더 선명하고 또렷하게 드러난다는 것을 경험을 통해 배우게 됩니다.

24시간이 모자란 오늘날의 우리는 목표를 채우고 시간을 채우고 공간을 채우며, 무언가를 끊임없이 채우기에만 급급한 일상을 당연히 여기며 살아갑니다. 어쩌면 우리는 일제강점기와 6.25로 초토화된 땅에서 너무 빨리 너무 많은 것을 이루며 달려오느라, 오천 년 역사의 찬란함에서 배우고 누려온 아름다운 전통인 '여백의 미'를 잠시 잊고 산 건 아닐까요? 채우기 위해 먼저 비워야 합니다. 새로운 무언가를 채울 수 있는 가능성은 비움에서 시작합니다. 쉬지 못하고 끊임없이 '무엇이라도 해야만 하는 강박관념 should-be complex'에서 벗어나야 합니다. 이제는 우리도 채우기에 바쁜 일상의 습관들을 잠깐 멈추고 거친 호흡을 가다듬고, 일과 대화와 사람과의 관계에서 조급함을 내려놓아야 합니다.

쉼표, 새로운 도약의 가능성을 여는 주도적 선택

마침표가 아닌 쉼표는 끝이 아닌 새로운 도약의 가능성을 여는 주도적 선택입니다. 쉼표 다음에 방향을 전환할지 계속 이어서 전진할지는 스스로 선택하면 되는 거죠. 바쁜 하루의 일과에 업무효율을 높일 10분의 쉼표, 경청과 공감을 위한 말과 말 사이 쉼표, 집중도와 만족도를 높이는 일과 일 사이 쉼표는 건강한 조직공동체의 가능성을 열고 행복한 개인 구성원의 미래성장을 위한 지렛대가 됩니다. 핀란드는 일상속 여백의 가치를 지각하고 aware 대담한 audacious 쉼표의 실천으로 일과 일 사이, 말과 말 사이, 사람과 사람 사이 거리두는 문화에서 앞서가고 advanced 있습니다. aware & audacious into advanced 우리도 익숙한 분주함과 성급함의 일상에 의식적으로 시간과 공간의 쉼표를 찍고 여백의 미를 더해가는 핀란드식 거리두기 문화를 조금씩 실천해 보면 어떨까요?

Aware & Audacious into Advanced

#사회적자본 #마음백신 #실천하는리더
#열린규제 #자기주도 #신뢰는근육

II

믿어주는 문화

행복은 높이고 낭비는 줄이는 믿어주는 문화
믿어주는 문화를 만들어가는 리더의 역할
믿어주는 문화를 만들어가는 조직의 역할
믿어주는 문화를 만들어가는 개인의 역할
단조로운 일상 속 반복이 브랜드가 된 핀란드 조직문화
- Bland into Brand

1. 행복은 높이고 낭비는 줄이는 믿어주는 문화

- It takes 20 years to build a reputation and five minutes to ruin it.
- 평판을 쌓는 데는 20년이 걸리고 무너지는 데는 5분이 걸린다
- **Warren Buffett**

| 행복지수 1위 Finns의 가장 행복한 표정이라고? |

행복지수의 토대가 되는 사회적 자본

5년 연속 세계에서 가장 행복한 나라로 선정된 핀란드에 사는 Finns 의 일상은 어떤 모습일까요? 핀란드 수도 헬싱키의 센트럴 기차역에 도착하면 눈여겨봐야 할 것이 있습니다. 센트럴 기차역 시계탑 양쪽에 램프를 들고 서 있는 네 명의 단발머리 조각상인데요. Finns는 이 무뚝뚝한 화강암 조각상의 얼굴이 자신들이 가장 행복할 때의 표정이라고 농담처럼 말하곤 합니다. 그리고 보니 유엔 세계행복보고서 The World Happiness Report 에서 핀란드가 1위로 선정됐다는 뉴스를 접한 핀란드 동료들 표정도 크게 다르지 않았던 것 같습니다. 핀란드 시인 에이노 레

이노 Eino Leino 가 남긴 유명한 말 "행복은 자랑하지 말고 숨겨라." Kel onni on se onnen kätkeköön. 가 몸에 밴 듯 Finns는 행복한 감정을 드러내는 데 여전히 인색하고 서툴거든요.

헬싱키 센트럴 역은 핀란드 주요도시를 연결하는 기차와 헬싱키 주변 도시를 연결하는 지하철, 버스, 트램이 만나는 환승 센터입니다. 야간엔 조각상이 들고 있는 램프에 불이 켜지고 특별한 절기엔 조각상 머리에 화관을 씌우기도 하지만, 한결같은 표정으로 Finns의 가장 행복한 얼굴을 대표합니다. © Pixabay

핀란드 특유의 자기 비하적 유머 중에 '내성적인 핀란드 사람은 대화할 때 자신의 신발을 쳐다보고 외향적인 핀란드 사람은 상대방 신발을 본다.'는 표현이 있습니다. 대체로 내성적이고 웃음기 없는 심각한 표정이 기본값인 Finns와 처음 만난 누군가는 핀란드가 진짜 세계에서 가장 행복한 나라가 맞는지 의심할지도 모릅니다. 하지만 유엔이 발표한 핀란드의 국가행복지수는 2018년~2020년 평균 10점 만점에 7.84

점으로 5년째 선두를 지키고 있답니다. 신나는 일이 있어도 좀처럼 감정을 잘 드러내지 않는 Finns가 말하는 행복은 기쁨, 즐거움과 같이 일시적으로 나타났다가 사라지는 기분을 의미하지 않거든요. 변동성이 큰 감정상태보다 오히려 일상에서 만족함을 누리는 삶이 유지되는 지속적 상태를 Finns는 행복이라고 정의합니다.

행복보다는 만족, 그에 영향을 미치는 사회적 요인

그래서인지 핀란드에선 사는 데 만족한다는 표현을 행복하다는 말보다 더 자주 씁니다. 그런데 행복을 삶의 만족으로 보는 시각은 우리도 비슷하지 않나요? 국어사전은 행복을 '사람이 생활 속에서 기쁘고 즐겁고 만족을 느끼는 상태에 있는 것, 또는 풍족한 삶을 누리는 것'이라고 정의하고 있으니까요. 유엔은 어떨까요? 무슨 기준으로 국가별 행복지수를 산정하는 걸까요? 유엔의 지속가능한 개발솔루션네트워크는 매년 전 세계 150개 국가별 소득, 기대수명과 같은 객관적 지표를 조사하고 동시에 개인의 자유와 삶의 만족도에 영향을 미치는 사회적 지원, 선택의 자유, 신뢰와 관용, 부패인식과 같은 사회적 환경요인을 분석합니다. 그래서 유엔의 세계 행복보고서는 각 구성원이 느끼는 삶의 만족도에 영향을 주는 다양한 사회적 환경요인이 반영된 국가별 행복 성적표라고 할 수 있습니다.

국가 구성원 개개인이 느끼는 행복은 일상에서 경험하는 다양한 사회적 요인의 영향을 받습니다. 환경오염, 불평등, 부정부패, 사회분열이나 신뢰와 같은 사회적 환경요인은 개인의 자유와 삶의 만족도에 영향을 미치지만 개인 혼자의 힘으로는 어찌할 수 없는 것들이죠. 그래서 국가별 행복지수 산정에도 사회적 환경요인을 분석한 지표가 반드시 포함되는 거고요. 유엔이 매년 행복보고서를 발표하는 목적은 단순히 국가별 행복을 점수로 환산하고 순위를 매기는 데 있지 않습니다. 오히려 사회발전과 공공정책의 목표가 국민의 행복과 삶의 만족도 증진에 있다는 인식을 국제사회에 확산하고, 각국 정책결정자들이 이를 정책 수립과 실행에 반영하도록 권장하려는 목적이 큽니다.

기업 구성원의 심리적 안정과 만족도 마찬가지라고 생각합니다. 심리적 안정과 만족은 개인 혼자만의 힘으로는 어찌할 수 없는 조직의 시스템과 업무환경에 영향을 받으니까요. 기업의 실적, 개인의 성과와 보상 같은 객관적 지표뿐 아니라 회사의 방향성, 리더십과의 상호관계, 기대치와 피드백, 성장과 자기 계발 기회, 다양성, 혁신 등 다양한 업무 환경적 요인이 구성원 개인의 만족도에 영향을 미칩니다. 기업과 리더는 구성원의 심리적 안전감과 업무 만족도 향상을 기업활동의 중심에 두어야 한다는 걸 잊지 말고 이를 기업의 시스템과 업무환경 개선에 적극적으로 반영해야 합니다.

만족감의 바탕은 신뢰

'행복을 스스로 정의하면 길을 잃지 않는다.'는 말이 있습니다. 유엔이 행복보고서를 만들기 훨씬 전부터 핀란드는 행복을 스스로 만족하는 삶으로 정의하며 살아왔습니다. Finns는 어떻게 행복하고 만족스러운 일상을 유지하는 걸까요? 2016년 주한 핀란드 대사로 부임한 에에로 수오미넨 Eero Suominen 전 대사는 국내 언론과의 인터뷰에서 Finns가 만족감을 느끼는 비결을 묻는 기자의 질문에 주저 없이 '신뢰'라고 답했습니다. Finns는 정부 기관, 정치, 언론, 이웃에 대한 신뢰가 무척 강한데 그 신뢰가 자기 삶에 대한 만족으로 이어진다고 합니다.

잘 아는 것처럼 신뢰는 최소한 두 사람 이상의 사회적 관계에서 다른 사람에 대해 갖는 기대와 믿음을 말합니다. 타인의 행동이 자신에게 호의적이거나 적어도 악의적이지 않을 가능성을 기대하는 신뢰는 주관적이고 언제나 위험을 전제로 하죠. 하지만 정보의 불확실성과 감시의 불완전성이 점점 제도화를 거쳐 구성원들의 긍정 경험이 반복되고 누적되면 사회적 신뢰가 형성됩니다. 이렇게 형성된 사회적 신뢰는 물질적 자본, 인적 자본과 함께 경제성장에 중요한 요소인 사회적 자본 social capital 의 핵심입니다. 사회적 신뢰가 주는 혜택은 생각보다 큰데요. 사회적 신뢰는 감시와 통제의 사회비용을 줄이고 효율적 공동작업을 증진하며, 불필요한 절차나 증빙의 간소화로 시간과 노력을 핵심사안에 집중할 수 있게 합니다.

사회적 신뢰가 상식인 핀란드 대중교통

신뢰가 상식인 사회의 모습은 어떻게 다를까요? 핀란드처럼 사회적 자본의 핵심인 신뢰가 잘 확충된 나라일수록 이를 보장하는 법과 제도도 잘 구축되어 있습니다. 일례로 핀란드 지하철에는 개찰구가 없는데, 트램이나 수오멘린나 Suomenlinna 섬으로 가는 페리를 탈 때도 마찬가지입니다. 미리 교통카드를 충전해 탑승 전 각자 알아서 요금기계에 태그하거나 미리 스마트폰에서 HSL앱 헬싱키 지역 교통국인 Helsingin seudun liikenne에서 운영하는 대중교통 앱 으로 기간 정액권이나 일일권, 일회용 티켓을 구입해 소지합니다. 버스를 타고 주변 도시인 에스뽀시 City of Espoo 나 반따시 City of Vantaa 로 이동할 때는 요금 기계에서 헬싱키 시내 요금보다 비싼 2구역이나 3구역을 선택해 각자 알아서 추가 요금을 지불하고요. 시스템을 몰라서 실수하는 관광객은 간혹 있지만, 현지인이 무임승차나 부정승차를 하는 건 극히 드문 일입니다. 80유로의 벌금 때문이 아니라 내가 이용하는 서비스에 합당한 비용을 지불하는 게 당연하다는 사회적 신뢰가 상식이기 때문이죠.

신뢰도가 높은 이유

핀란드 국민들은 왜 정부에 대한 신뢰도가 높을까요? 수오미넨 전

대사의 답변은 "모두가 서로를 알 만큼 작은 사회라 평판이 중요하다."는 Finn다운 겸손함으로 시작했고, "국민의 89%가 복음루터교인 기독교 국가라 정직을 강조하는 종교의 영향도 적지 않다."고 덧붙였습니다. 제 경험으로도 핀란드에서 정직은 가장 높은 명예로 평가받는 가치이고 신뢰 사회라는 철학과 인식이 나라 전체에 굳건합니다. 하지만 대부분의 Finns가 학교나 병원 같은 공공기관에 대해 깊이 신뢰하고 부패가 없다는 믿음을 가진 이유는 그들이 너무 나이브 naïve 해서가 아닙니다. 공공기관의 모든 운영이 투명하게 공개되고 모두가 그 정보에 쉽게 접근할 수 있기 때문이죠. 이러한 투명한 정보 공개와 정보 접근성이 핀란드를 '언론인들의 유토피아'로 불리게 합니다. 매년 국경없는 기자회가 발표하는 언론자유지수에서 연속 1위를 차지하고 있는 언론자유 청정국가 핀란드에서는, 언론뿐 아니라 일반인에게도 표현의 자유와 정보의 접근성이 보장됩니다.

평범한 등굣길 풍경이 보여주는 신뢰 사회

핀란드 최대 일간지 『헬싱키사노맛』 Helsingin Sanomat 의 국제 특파원인 헤이키 아이토코스끼 Heikki Aittokoski 는 영국, 부탄, 코스타리카, 보츠와나, 덴마크, 미국을 여행하면서 행복에 대해 조사했습니다. 그 결과로 헤이키는 "핀란드에서는 당연하고 평범한 등굣길 풍경이 역설적으로 든든한 신뢰문화를 바탕으로 한 행복한 핀란드의 전형적 모습을 보여준다."고 말합니다. 행복은 비밀로 하고 자기 자랑보다 자기비하 농담에 더 능숙한 Finns지만 우리가 제대로 한 일이 있다고 입을 모으는 건, 매일 아침 헬싱키에서 어린아이들이 완전히 안전하다고 느끼며 배낭을 메고 혼자 학교에 걸어가는 모습을 바라볼 때라는 거죠.

쇼핑객과 관광객들도 늘 분주한 에스플라나디(Esplanadi)거리도 대부분의 상점이 문을 닫는 밤 10시가 지나면 인적이 드문 한적한 거리가 됩니다. 대중교통이 끊긴 늦은 밤이나 새벽에 헬싱키 센트럴 역에서 에스플라나디를 지나 울란린나(Ullanlinna)의 집으로 걸어가는 길은 인적도 드물고 CCTV도 거의 없지만 불안하다고 느껴본 적은 없습니다.

핀란드의 밤도 크게 다르지 않습니다. CCTV가 많지 않은 헬싱키의 야심한 밤길을 혼자 걸을 때도 두려움을 느껴본 적은 없었습니다. Finns는 80% 이상의 높은 신뢰도로 경찰력과 공권력과 이웃을 믿습니다. 누군가 위기에 처했을 때 기꺼이 도우려는 마음과 위기 상황마다 사회지원을 받은 신뢰의 경험이 모이고 쌓여서 서로 믿어주는 문화로 정착된 거죠. CCTV가 많지 않아도 세세한 감시와 통제가 없어도 불필요한 의심이나 불안으로 피곤하지 않을 수 있는 마음 백신은, 신뢰문화를 기본 인프라로 장착한 핀란드가 주는 웰컴키트 welcome-kit 의 대표 아이템입니다.

불필요한 낭비를 줄이고 본질에 집중하게 하는 신뢰

법과 제도에 대한 국민 신뢰도가 높은 핀란드는 교육에서도 경쟁이 아닌 협력을 강조합니다. 핀란드의 신뢰문화는 국민 개개인이 각자의 재능을 불필요한 경쟁에 낭비하지 않고 서로 협력할 수 있는 안전한 환경이 되는 거죠. 상대적으로 평등한 사회인 핀란드에서 사람들은 '존스 가족을 따라가는 것 keeping up with the Joneses '에 집착하지 않습니다. 비교하지 않고 집착하지 않으면서 나답게 사는 것, 남보다 나에게 집중하는 것이 Finns가 신뢰문화를 바탕으로 행복한 삶을 누리는 비결입니다.

사회적 자본의 핵심인 사회적 신뢰는 불신과 불안으로 인한 감시와 통제 비용을 줄이고 절차와 증빙의 간소화를 통해 시간과 노력을 핵심사안에 집중할 수 있게 합니다. 기업의 조직 신뢰도 역시 마찬가지 아닌가요? 기업 내 신뢰문화가 정착되면 구성원들이 심리적 안전감을 유지하며 본질에 집중하게 됩니다. 구성원 각자의 재능을 불필요한 내부경쟁에 소비하는 대신 서로 믿고 협력하는 문화가 확산하게 되는 거죠. 조직과 구성원, 리더와 구성원, 구성원과 구성원 간의 관계에서 서로에게 갖는 기대와 믿음인 조직 신뢰도를 높이려면 기업 내 긍정적 신뢰의 경험이 반복되고 누적되어야 합니다. 서로를 믿고 신뢰하는 조직문화가 정착되면 불필요한 감시와 통제 비용을 줄이고 업무효율을 향상할 수 있습니다.

│ 원로원 광장에 세워진 핀란드 DNA │

핀란드의 DNA, 신뢰문화 = 공정한 시스템 + 투명한 소통

핀란드의 DNA로 자리 잡은 신뢰문화는 공정한 운영과 보상, 투명한 정보와 소통을 바탕으로 국민들의 긍정적 경험이 반복되고 누적된 결과입니다. 그런데 핀란드 수도 헬싱키에 핀란드의 DNA를 상징하는 랜드마크가 있다는 사실 알고 계셨나요? 헬싱키 중심부에 위치한 원로원 광장The Senate Square 에 도착하면 정면에 사진 잘 받기로 유명한 헬싱키 대성당Helsinki Cathedral 을 중심으로 좌우에 쌍둥이처럼 닮은 두 건물인 정부청사Government Palace 와 헬싱키대학 본관 건물을 볼 수 있습니다. 원로원 광장을 둘러싼 세 건물 모두 칼 루드빅Carl Ludvig 이 건축한 것으로, 종교를 중심으로 행정과 교육이 동등하게 중요하다는 핀란드의 핵심가치를 표현하고 있습니다.

핀란드의 주요행사가 열리는 원로원 광장 정면 중앙에는 헬싱키 대성당이 있고
광장 좌우에는 대학교 본관 건물과 정부청사 건물이 대칭을 이루고 있습니다.

원로원 광장 정면 중앙에 위치한 헬싱키 대성당은 신뢰문화를 강조하는 기독교 국가로서 핀란드의 정체성과 방향성을 상징합니다. 원로원 광장 왼쪽에 위치한 헬싱키대학 본관 건물은 교육을 통한 투명한 정보와 소통을, 오른쪽에 위치한 정부청사는 약속한 법과 질서에 따른 공정한 국가 운영을 상징하죠. 헬싱키 대성당을 중심으로 좌우에 대칭을 이룬 두 건물은 신뢰문화를 중심으로 투명한 소통과 공정한 시스템이 서로 조화를 이루며 균형을 유지하는 핀란드의 핵심가치를 담고 있습니다. 원로원 광장은 조금 식상할 수 있는 관광코스지만 각 랜드마크가 상징하는 핀란드의 핵심가치를 알고 보면 그 의미가 새롭게 다가오는 장소인데요. 이처럼 핀란드의 평범한 일상을 자세히 들여다보면 새롭고 평범하지 않은 핀란드만의 매력을 발견하게 됩니다.

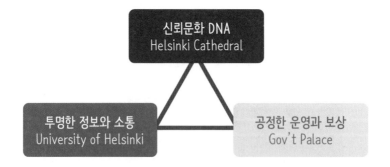

헬싱키 원로원 광장을 둘러싼 세 랜드마크는 핀란드의 DNA인 신뢰문화(헬싱키 대성당)와 이를 뒷받침하는 공정한 시스템(정부청사)과 투명한 소통(학교/교육)의 균형과 조화를 상징합니다.

핀란드의 신뢰문화는 오랜 시간 합의된 원칙을 실천하며 모두가 함께 노력한 결과입니다. 처음 만나는 사이라도 그 상대가 외국인이라도 일단 믿어주는 문화가 기본값이죠. 하지만 신뢰를 깨뜨린 행동에는 무거운 책임과 공동체의 단호한 대처가 뒤따릅니다. 동전의 양면과도 같은 신뢰는 반드시 주어지는 동시에 반드시 획득해야 한다는 것을 반복적 경험을 통해 잘 알고 있기에 신뢰는 결코 가벼운 공짜선물이 아닙니다. 핀란드에서는 '평판은 한 번 잃는다.' You lose your reputation only once. 라는 말을 당연한 상식으로 여깁니다. 기본적으로 서로를 존중하기에 거저 주어지는 신뢰지만, 그 신뢰를 유지할 책임 역시 기본적으로 감당할 개인의 몫이니까요. 공정하고 단호한 시스템과 투명한 소통은 각자의 인성과 역량을 행동으로 증명하며 서로 믿어주는 문화를 든든히 뒷받침합니다.

기업의 신뢰문화에도 공정한 시스템과 투명한 소통의 조화와 균형이 필요합니다. 구성원의 긍정적 신뢰 경험이 반복되고 누적되어 내재화 되려면, 먼저 기업이 운영하는 시스템과 제도를 구성원이 신뢰할 수 있어야 합니다. 불법과 편법을 눈감아 주지 않는 단호함으로 조직에 독이 되는 나쁜 문화가 뿌리내리지 못하게 해야 하고요. 노력과 성과가 제대로 인정받고 보상받는 당연한 공정을 투명하게 소통하고 공유해야 합니다. 투명한 정보의 공유는 효율적 공동작업을 촉진하고 조직성과에 기여 없이 편승하는 무임승차를 미연에 방지할 수 있게 합니다.

우리 기업의 조직 신뢰도가 비용 절감, 업무효율 향상, 협업증진에 기여한 긍정적인 경험은 무엇인가요? 조직 신뢰도를 높이기 위해 어떤 긍정적 신뢰의 경험을 시도해 볼 수 있을까요?

2

우리 기업에서 긍정적인 신뢰의 경험이 반복되고 누적되어 조직문화로 내재화 될 수 있도록 어떤 시스템과 제도를 운영하고 있으며, 어떻게 소통하고 권장하고 있나요?

Reflective Questions

2. 믿어주는 문화를 만들어가는 리더의 역할

- Your reputation and integrity are everything.
- Follow through on what you say you're going to do.
- Your credibility can only be built over time,
  and it is built from the history of your words and actions.

  평판과 진실성이 전부이다. 당신이 하겠다고 말한 대로 행동해야 한다.

  당신을 신뢰할 수 있는지는 오랜 시간동안 당신이 한 말과 행동의 역사로 만들어진다.

  Maria Razumich Zec

| 일시적 캠페인으로 되는 것이 아닙니다 |

신뢰문화는 반복된 경험의 결과

수오미넨 전 대사는 국내 언론과의 인터뷰에서 핀란드가 강소국 지위를 굳건히 지킬 수 있었던 비결로 주저 없이 신뢰 사회를 꼽았습니다. "경제는 다이내믹하고 사회는 안정적이어야 국가가 지속가능하게 발전할 수 있다."고 말한 대사는 이 균형을 가능하게 하고 핀란드 경제회복을 이끈 핵심배경이 바로 서로를 믿을 수 있는 사회적 신뢰라고 강조했습니다. 서로 믿는 문화가 어떻게 핀란드 사회적 자본의 핵심이 될 수 있을까요? 사회적 신뢰로 구축된 핀란드의 사회적 안전망이 Finns에게 심리적 안전감을 제공하기 때문입니다. 개인주의라고 오해받는 Finns는 역설적이게도 누구도 혼자가 아니라고 생각합니다. 내가 경제·사회적 어려움을 겪게 되더라도 혼자 내팽개치지 않고 사회가 보듬어준다는 확신이 있는 거죠.

에스뽀시(City of Espoo)에 위치한 눅시오 국립공원(Nuuksio National Park)은
인위적으로 말끔히 다듬지 않은 자연 그대로의 모습을 최대한 유지합니다.
부러진 나무를 잘라내지 않고 숲의 재생능력을 온전히 신뢰하며 생태계의 회복 시간을 철저히 존중합니다.

흔히 신뢰를 태도나 마음가짐의 문제로 생각하기 쉽지만, 핀란드 사회에 뿌리내린 신뢰문화는 경험의 축적으로 이룬 결과입니다. 사람과 사람 사이 신뢰가 일방적이지 않은 것처럼 공동체와 구성원 사이 신뢰도 서로를 믿어주는 상호관계를 기반으로 합니다. 국가와 국민 간 상호 신뢰의 문화는 매일의 소소한 신뢰가 일상에서 반복된 결과 핀란드의 탄탄한 사회안전망과 개개인의 심리적 안전감의 토대가 된 거죠. 핀란드 국가 문화이자 국가 브랜드가 된 신뢰문화는 핀란드 기업의 조직문화에서도 기본값으로 자리 잡고 있습니다. 기업과 구성원이 서로를 믿어주는 시도와 경험이 반복되고 축적된 결과, 구성원들이 심리적 안전감을 느끼는 비즈니스 인프라로 정착된 거죠.

선순환을 이루는 신뢰문화

수평적 flat/horizontal 조직문화, 유연 근무 flextime/agile working 정착, 자기주도성 initiative 과 자율성 autonomy 존중. 오랫동안 많은 국제기구로부터 찬사를 받아온 핀란드 기업문화를 대표하는 특징들입니다. 이들의 공통점이 무엇인지 눈치채셨나요? 바로 조직이 구성원 개개인의 전문성을 인정하고 존중하는, 신뢰를 전제로 하는 문화입니다. 신뢰할 수 있는 환경을 반복적으로 경험한 구성원들은 신뢰를 공통의 행동 양식으로 인식합니다. 이 신뢰문화는 다시 사람과 조직 사이, 사람과 사람 사이에 이뤄지는 모든 상호작용의 토대가 되는 선순환으로 이어지고요. 서로의 가장 좋은 점을 믿어주는 신뢰문화가 잘 정착된 조직에서는 구성원간 협업이 강화되고 변화와 진전이 신속하게 진행됩니다. 반면, 신뢰가 부족한 조직의 구성원들은 서로를 의심하거나 적극적으로 지지하지 않을뿐 아니라 소식 선체에 회의적인 생각과 혼란을 확산하기도 합니다.

기업의 신뢰문화는 태도나 마음가짐의 문제가 아닌 서로를 믿어주는 시도와 경험이 축적된 결과물입니다. 신뢰는 일시적 캠페인만으로는 얻을 수 없죠. 신뢰를 쌓아가는 과정은 기업과 리더, 구성원 모두의 노력과 시간을 요구합니다. 신뢰하는 조직문화가 성과와 혁신에 미치는 긍정적 영향에 대한 국내외의 활발한 연구에도 불구하고, 서로 믿는 조직문화의 정착은 여전히 많은 기업의 난제로 남아 있습니다. 왜 그럴까요? 서로 믿어주는 조직문화는 신뢰를 구축하려는 반복된 시도와 경험을 통해 일상업무에 자리 잡아야 하기 때문입니다. 시도가 축적되면 경험이 되고, 경험이 축적되면 일상이 됩니다. 구성원의 전문성과 자율성을 존중하는 시도가 쌓이고 신뢰를 통한 긍정적 경험이 누적되어야, 신뢰문화가 기업의 탄탄한 인프라로 자리 잡게 됩니다.

┃   리더라면 먼저 보여주세요   ┃

신뢰문화를 실천하는 리더

핀란드는 관리자와 직원 사이에 계층이 거의 없거나 아예 없는 플랫 근로 모델 flat working model 을 최초로 추진한 국가 중 하나입니다. 관리자와 직원 간 계층이 없는 핀란드 기업은 어떻게 운영될까요? 기업과 리더는 직원에 대한 감독이나 제재가 적은 반면, 모든 직원이 의사결정에 참여할 기회를 높이고 부서 간 cross-functional 의 투명하고 개방적인 의사소통이 가능한 환경을 제공하도록 조직을 운영합니다. 수직이 아닌 수평적 거리두는 문화의 핀란드 기업에서는 리더와 구성원 모두 각자 다른 역할을 맡은 그 분야의 전문가로서 서로를 존중하죠. 핀란드 기업에서는 리더가 모든 걸 결정하지는 않지만, 조직의 비전과 목표를 제시하고 그 목표와 가치를 일상의 업무와 의사결정에 반영하는 행동하는 리더십으로 신뢰문화를 구축하고 유지하는 데 솔선수범합니다.

미국 창의적리더십센터 Center for Creative Leadership Inc. 는 최근 140여 리더십 팀을 대상으로 '변화의 시대에 필요한 리더십'에 관한 연구를 진행했는데요. 연구결과는 코로나19 위기로 가속화된 변화와 혼란이 기업 내 리더십의 신뢰 구축 중요성을 더욱 부각하고 있음을 시사합니다. 연구결과에 따르면 높은 신뢰 환경에서 구성원들의 생산적 에너지, 창의성, 업무속도 및 성과, 빠른 변화에 대한 대처능력이 향상되는 것으로 밝혀졌습니다. 개개인이 적은 자원으로 더 많은 일을 해야 하는 복잡하고 모호한 오늘날의 비즈니스 환경에서는 신뢰를 구축하는 리더의 행동이 변화를 관리하는 최선이라고 연구진은 강조합니다. 상호적이며 점진적인 조직 신뢰를 구축하고 구성원들의 신뢰를 얻기 위해서는 리더가 먼저 구성원들을 신뢰해야 합니다. 실천하는 리더십은 구성원들이 공통의 목적을 중심으로 협력하고 위험을 감수하고 서로를 지원하며, 공개적이고 정직하게 소통하는 신뢰문화를 구축하고 유지하는 데 결정적입니다.

신뢰문화를 구축하는 리더는 어떤 역할을 할까요? 핀란드 기업의 리더는 구성원들의 서로 다른 전문성을 존중하고 신뢰하며, 조화와 균형을 유지하는 역할을 담당합니다. 진정한 리더는 그들을 움직이게 하는 가치에 대해 기꺼이 이야기하고, 그 말을 행동으로 옮기는 선택으로 구성원과의 신뢰를 쌓아가죠. 리더가 자기 일을 해내는 것만큼 리더의 몫이 아닌 일을 하지 않는 것도 중요하게 생각합니다. 구성원이 할 일을 하고 있는 부서장이나, 해야 할 일과 하지 않아야 할 일을 분별하지 못하는 리더는 다분히 직무를 유기하고 무례를 범하는 것으로 여깁니다. 그렇다고 리더가 멀찌감치 떨어져서 나 몰라라 뒷짐만 지고 있는 건 아닙니다. 수행업무의 난이도와 구성원의 능력 사이 적절한 접점에서 리더의 인터렉티브 interactive 가 요구되기 때문이죠. 구성원들의 언어와 문법에 맞는 리더의 시의적절한 격려와 인정과 조언의 피드백은 구성원의 업무 몰입도 engagement 를 높이고 동기를 부여하는 역할을 합니다.

행동하는 리더십 신뢰받는 리더

실천하는 리더십은 기업 내 신뢰 수준을 높이는 데 결정적인 영향을 미칩니다. 토니 와그너 Tony Wagner 는 '세상은 당신이 무엇을 알고 있는지가 아니라 당신이 아는 것으로 무엇을 할 수 있는지에 관심이 있다.' The world doesn't care what you know. What the world cares about is what you do with what you know. 고 말합니다. 구성원들도 리더가 '무엇을 알고 있는지' 보다 리더가 '알고 있는 것으로 무엇을 할 수 있는지'에 더 관심이 있죠. 유창한 달변으로 조직의 목표와 가치를 외치는 리더보다, 합의된 원칙을 잘 지키고 조직의 정체성과 비전을 행동으로 보여주는 리더를 더 기대하고 선호하고요. 그래서 조직의 성장과 운영, 소통과 팀워크가 뿌리내리고 자라나는 든든한 토양인 신뢰문화가 기업의 인프라로 자리 잡으려면 실천하는 리더십이 선행되어야 합니다. 누구나 리더가 될 수 있지만 아무나 리더십을 발휘할 수 있는 건 아닙니다. 조직의 '리더십은 직함이나 지위가 아닌 행동' Leadership is a practice, not a position. 으로 나타납니다. 파워를 남용하는 대신 행동하는 리더십이 신뢰받는 리더가 되는 시작입니다.

| 경직된 인사평가식 피드백은 저리 가! |

긍정적 행동변화를 이끌어내는 건설적 피드백

리더의 역량이 때론 조직의 한계가 되기도 하지만, 자신보다 탁월한 구성원을 채용하거나 구성원의 잠재적 역량을 끌어내 자신의 한계를 뛰어넘는 리더도 있습니다. 세상을 바꾸려는 리더보다 사람을 움직이는 리더, 스스로 변화를 만들기보다 사람들이 변화할 수 있도록 실천하고 행동하는 리더십이 요구되는 시대입니다. 리더의 시의적절한 격려와 인정과 조언은 구성원의 변화를 끌어내고 잠재적 역량을 발산하는 계기가 되곤 하죠. 피드백 시점과 빈도, 방법만큼이나 피드백을 전달하는 톤앤매너 tone and manner 도 중요하고요. 공감과 경청, 질문을 활용한 리더의 건설적 피드백 constructive feedback 은 구성원들의 긍정적 행동변화와 개선을 이끌어냅니다.

헬싱키 원로원 광장에서 열린 치어리딩 퍼포먼스에서 선수들이 고난도 동작을 선보입니다.
치어리더는 선수들을 승리의 도구로 여기지 않고 치어리딩 속에서 삶의 의미를 발견하는 존재로 대합니다.
치어리더는 솔직한 대화를 통해 선수들이 자신의 약점과 스스로에 대한 의구심을 극복할 수 있도록 돕고
치어리딩에 몰입할 수 있도록 합니다. 이러한 치어리더의 관심과 헌신은 더 좋은 선수가 되어
팀에 이바지하고자 하는 선수들의 열의로 이어집니다.

'직장 내 피드백' 하면 연말 인사평가 시즌이 가장 먼저 떠오르죠? 제가 한국에서 근무했던 미국계 기업에서는 5점 스케일 scale 로 셀프 평가 self-evaluation 를 작성한 후 부서장과 논의를 거쳐 인사평가가 진행됐습니다. 잘 아는 것처럼 5점 스케일은 각각 1=Did not meet expectations 기대에 미치지 못함, 2=Met some but not all expectations 부분적으로 기대에 부응, 3=Fully met expectations 기대 충족, 4=Exceeded expectations 기대 초과, 5=Significantly exceeded expectations 기대를 상당히 초과 를 의미합니다. 첫 셀프 평가를 작성할 때 겸손이 미덕인 문화에 익숙했던 저는 '기대를 충분히 만족시켰다'는 스케일 3을 고르기도 쉽지 않았죠. 하지만 평가 시즌이 끝나고 주변 동료 대부분의 셀프 평가가 스케일 4와 5였다는 걸 듣고 적지 않게 놀랐던 기억이 있습니다. 연차가 쌓이면서 점점 부서장과의 인사평가 미팅을 협상 과정으로 여기는 문화에 익숙

해졌고 비장한 각오로 인사평가를 준비하기 시작했습니다.

협상이 아닌 경청과 소통의 핀란드식 인사평가

핀란드 직장생활의 첫 인사평가를 앞둔 어느 날도 크게 다르지 않았습니다. 협상에 필요한 근거자료가 될 지난 1년 간의 업무성과와 성취 업적과 기타 등등을 꼼꼼히 살피며 긴장된 상태로 미팅 시간을 기다리고 있었죠. 그때 본부장이 회의실이 아닌 상공회의소 근처 바닷가를 걸으며 얘기를 나눠도 괜찮겠냐고 물었습니다. 열심히 준비한 근거자료들은 사무실 책상 위에 놓아두고 바닷가로 향하면서도 저는 여전히 경직된 태도로 머릿속으로 지난 해의 성과와 업적 리스트를 리뷰하고 있었습니다. 그런데 바닷가를 걷는 한 시간 동안 본부장은 지난 1년간 관찰한 제 업무성과의 결과뿐 아니라, 과정의 노력까지 하나하나 언급하며 구체적으로 인정하고 정중하게 고마움을 표현했습니다. 혹시 모를 만약을 대비해 잔뜩 준비하고 긴장했던 저의 모든 노력과 리스트는 전혀 쓸모없게 되었죠.

이어지는 본부장과의 대화도 제 역량과 강점에 대한 피드백과 앞으로의 성장과 발전을 위해 지원이 필요한 부분에 관한 실문, 그리고 협상의 필요를 못 느낀 만족스러운 연봉인상 제안이 전부였습니다. 상공회의소로 돌아오는 길에는 회사나 본부장의 도움이나 지원이 필요하면 언제든 주저 말고 알려 달라는 당부도 잊지 않았고요. 전문성을 인정하며 고마움을 표현하는 진심 어린 대화로 채워진 한 시간의 미팅은, 식상한 인사평가가 아닌 다음 해를 향해 발맞추어 함께 걷는 경청과 소통의 시간으로 지금도 기억에 남아 있습니다. 리더가 구성원을 실적의 도구로 여기지 않고 일 속에서 삶의 의미를 발견하는 존재로 대하는 건설적 피드백은, 구성원 스스로 자신의 약점과 의구심을 극복할 수 있게 합니다. 이러한 리더의 관심과 헌신이 반영된 피드백은 구성원들의 업무몰입과 열의로 이어지게 되는 거죠.

긍정적 변화와 잠재 역량을 끌어내는 동기부여

상공회의소의 첫 인사평가는 건설적 피드백을 기분 좋게 경험한 시간이었습니다. 리더의 피드백은 일시적이거나 직관적 판단에 따른 즉흥적 표현이 아니었거든요. 평소 세심한 관찰을 통해 제 업무 상황과 동기를 이해한 리더가 시간을 들여 준비한 피드백을 통해 그의 진심이 전해졌습니다. 추상적 표현이나 막연히 잘했다는 칭찬 대신, 객관적 사실과 합리적 정보를 언급하며 구체적 피드백을 제시하고 comment 의견을 경청하는 과정을 반복하며 서로의 이해도를 일치시켜 clarify 가는 과정이었죠. 피드백을 제공하는 이유와 업무, 관계, 상황뿐 아니라 기대하는 결과와 목표까지 분명하게 의사소통하는 과정은 다음 해를 위한 계획을 세우고 실행하는 데 많은 도움이 되었습니다. 적절한 시점에 공감과 경청, 질문을 활용한 리더의 건설적 피드백은 구성원의 긍정적 행동 변화와 개선을 끌어내고 잠재적 역량을 발휘할 강력한 동기부여가 되니까요.

건설적인 피드백을 위해 필요한 태도

피드백을 주고받을 때 가장 중요한 건 자신의 불완전함을 인정하는 거라고 생각해요. 우리는 누구도 완벽하지 않다는 걸 인정해야 열린 사고로 건설적인 피드백을 주고받을 수 있습니다. '거봐 내 말이 맞잖아'라는 확증 편향적 태도를 버리고 언제나 나도 틀릴 수 있다는 걸 인정할 때 상황을 올바르게 바라보고 정확히 파악할 수 있는 거죠. 문제가 있다면 그 사실을 인정하고 개선을 위해 노력할 의지를 표현할 때 오히려 더 신뢰감이 생깁니다. 구성원과 조직 사이 피드백도 마찬가지입니다. 만약 조직이 잘못한 경우에도 공식적으로 빠르게 인정하고 눈에 보이는 개선을 위한 노력을 실천한다면 구성원들의 이해와 공감과 지지를 얻는 데 유리합니다. 반대로 구성원이 조직에 피드백을 전달할 때에도 사사건건 불만만 늘어놓는 습관적 불평이나 피해자 코스프레는 환영받지 못합니다. 문제만 지적하지 말고 나아지고 달라질 수 있는 개선방안도 진지하게 고민해 봐야 합니다. 당장 대안 제시가 어렵다면 적어도 새로운 관점에서 문제에 접근할 인사이트가 담긴 피드백을 전달하려는 노력이 필요합니다.

1

우리 조직에서 경험한 행동하는 리더십의 긍정적 사례는 무엇이고, 어떻게 신뢰하는 조직문화에 기여했다고 생각하나요?

2

우리 조직의 피드백 문화는 리더와 구성원, 조직과 구성원, 구성원 간 신뢰에 어떻게 영향을 미치고 있다고 생각하나요? 행동의 긍정적 변화와 개선으로 이어지는 피드백을 주고받을 때 중요한 요인들은 무엇이고 왜 중요하다고 생각하나요?

3. 믿어주는 문화를 만들어가는 조직의 역할

■ If we do not trust one another; we are already defeated.
■ 서로를 믿지 않으면 우리는 이미 패배한 것이다.
　 Alison Croggon

| 안되는 거 빼고 다 됩니다 |

단출한 채용계약서가 보내는 신호

핀란드 직장생활 첫 출근일의 하루는 헬싱키 상공회의소 대표이사와 만나 채용계약서에 서명하는 미팅으로 시작했습니다. 처음 채용계약서를 본 저는 이왜진 ^{이게 왜 진짜?} 이냐며 당황했는데요. 상공회의소 100년 역사상 처음 채용하는 외국인이라 특별히 영문으로 준비했다며 대표이사가 건넨 계약서는 A4용지 두 페이지가 전부였거든요. 한국에서 여러 차례 이직하며 서명했던 계약서들과 달라도 너무 다른 '단출함'에 당황한 것도 잠시, 두 페이지의 계약서에는 잠깐의 당황이 무색할 만큼 꼭 필요한 정보와 동의해야 할 내용이 전부 포함되어 있음을 바로 확인할 수 있었습니다.

최소한의 원칙에 합의하면 나머지는 개개인의 자율과 책임에 맡기는, 믿어주는 핀란드 조직문화는 업무 특성상 다소 보수적인 상공회의소라고 해도 예외가 없었고 채용계약서는 그 시작이었던 거죠. 그동안 미국계 기업에 입사할 때마다 서명했던 십여 장에 걸친 수많은 행동 규정과 법적 책임 관련 조항들이 상세하게 나열된 계약서와 달랐고, 짧게 몸담았던 영국계 증권사의 큰 꽃무늬 옷은 안된다는 식의 상당히 디테일한 복장 규정과도 거리가 멀었습니다. 이전 직장에서는 소비자나 고객 또는 내부고객인 구성원과의 혹시 모를 법정 분쟁에 대비해 언제나 만반의 준비가 되어있는 듯한 강력한 법무부가 너무 익숙하고 당연했습니다. 하지만 그런 분위기와는 거리가 먼 핀란드의 채용계약 문화는 채용 인터뷰만큼이나 신선한 충격으로 기억합니다.

해외인재 대학원생들이 준비한 다문화 워크샵(Cross-cultural Workshop)은 헬싱키 상공회의소가 주관한 프로젝트의 일환이었지만, 신뢰를 바탕으로 최소한의 원칙만 제시하고 나머지는 준비하는 학생들의 자율과 책임에 맡겼습니다. 학생들이 주도적으로 기획하고 스스로 준비했던 워크샵은 참석했던 변호사, 은행가, 컨설턴트, 인사 담당과 같은 다양한 기업인들의 높은 만족도와 참여도로 마무리됐습니다.

비용은 줄이고 효율은 올리고

핀란드에서는 채용계약서뿐 아니라 비즈니스에서도 일반적으로 변호사나 법률 자문회사를 고용해 장문의 계약서를 작성하는 경우가 흔치 않습니다. 전화 통화나 이메일로 주고받은 내용이 계약서와 같은 법적 효력을 지니기 때문이죠. 사소한 분쟁도 법으로 해결하는 소송문화 대신 핀란드는 비즈니스에서도 비용과 과정의 효율을 높이는 서로 믿어주는 신뢰문화를 선택했습니다. 핀란드 신뢰문화가 법과 제도를 통해 잘 정착되어 사회비용을 줄이고 효율성을 높이는 사회적 자본이 된 것과 마찬가지로, 핀란드 기업의 믿어주는 문화도 거래 비용을 줄이고 업무효율을 향상시킵니다. 신뢰문화는 과정의 효율화를 통해 구성원들이 핵심과 본질에 집중하고 혁신과 변화를 빠르게 실행할 수 있는 안전한 업무환경이 된 거죠. 자신이 할 말과 글을 신중하게 선택하고 자신이 한 말과 글의 무게를 당연하게 책임지는 성숙한 개개인이 모인 핀란드 기업과 사회에서는 서로를 믿어주는 문화가 상식입니다.

안 되는 거 빼고 다 되는 열린 규제

최근 국내에서도 신사업 규제혁신을 위한 열린 규제가 제안되었습니다. 법률과 정책에 나열된 것들 이외에는 모두 허용하지 않는 닫힌 규제 positive regulations 와 달리, 열린 규제 negative regulations 는 법률이나 정책으로 금지되지 않은 모든 것을 허용하는 규제를 의미하는데요. 간단히 정리하면 이것만 되고 나머지는 안된다는 것이 닫힌 규제이고, 이것만

안되고 나머지는 다 된다는 것이 열린 규제입니다. 4차산업혁명 시대를 맞아 새로운 제품과 다양한 기술이 빠르게 등장하고 있지만, 기존의 국내제도나 규제와 충돌하면서 시장 출시가 지연되는 경우가 종종 있죠. 국내제도와 규제가 글로벌 시장에서 치열하게 경쟁하는 국내기업들의 발목을 잡는 동안, 미국 테크기업들은 열린 규제의 혜택을 누리며 지속적 혁신과 시대의 변화를 읽는 통찰의 힘을 길러 새로운 규칙을 만들며 세계 경제를 이끌고 있습니다. 국내기업들의 혁신적 시도를 장려하고 글로벌 경쟁력 강화를 위해 열린 규제의 도입이 시급한 이유입니다.

열린 규제 Negative Regulations

→ 이것만 안되고 나머지는 다 된다

닫힌 규제 Positive Regulations

→ 이것만 되고 나머지는 안된다

열린 규제를 닮은 핀란드 기업문화

안되는 거 빼고 다 되는 열린 규제의 바탕에는 신뢰가 있습니다. 핀란드 기업문화도 신뢰를 토대로 한 열린 규제와 같습니다. 기업은 구성원들이 하지 말아야 할 행동과 넘지 말아야 할 경계선을 분명하게 하고 조직구성원은 이를 반드시 지킵니다. 하지만 그 외 모든 업무영역에서 기업은 철저히 구성원을 신뢰하고 개개인의 전문성을 존중하며 주도적으로 일할 수 있는 환경을 제공하죠. 신뢰의 기업문화는 무한한 자율과 책임을 추구하며 각자가 자신의 역량을 최대한 발휘할 수 있는 업무환경이 됩니다. 핀란드 기업에선 개인의 선호에 따라 일할 환경을 최대한 배려해주는 문화를 통해, 자신이 존중받는 만큼 상대방도 존중하는 문화를 공유합니다.

기업이 심혈을 기울여 선택한 인재를 믿어주는 핀란드 조직문화는, 구성원들이 주어진 업무가 아닌 주도권을 가진 업무를 수행할 수 있게 합니다. 핀란드 기업의 혁신과 변화는 구성원의 전문성을 신뢰하고 자기주도성을 존중하는 조직문화에서 시작됩니다. 이러한 환경에서 구성원들은 누군가 묻지 않아도 스스로 문제를 찾고 해결하기를 즐기며 끊임없이 질문하고 발전합니다. 뛰어난 개개인들이 모여 주도적으로 회사의 비전을 현실화하기 위해 일하는 핀란드 기업에는 구성원을 믿고 맡기는 리더와 각자의 전문성을 존중하는 신뢰의 조직문화가 있습니다.

｜ 핀란드엔 공식 질투의 날이 있다고? : Happy National Jealousy Day! ｜

'내 것인 듯 내 것 아닌 내 것 같은' 개인정보

개인 공간과 사생활 존중이 기본값인 Finns가 개인정보를 대하는 자세를 보면 '내 것인 듯 내 것 아닌 내 것 같은'이란 노래 가사가 떠오릅니다. 핀란드는 수십 년간 550만 국민들의 개인 의료정보를 모아 의료 빅데이터를 구축해왔습니다. 21세기 원유로 불리는 이 빅데이터를 활용하려는 글로벌 기업들과 MIT, 하버드 교수들이 서둘러 핀란드로 모여들고 있다는 뉴스가 얼마전 KBS 보도를 통해 국내에 소개된 적이 있죠. 의료정보는 개인정보 중에서도 가장 민감한 영역으로 여겨집니다. 유출에 대한 불안이나 거부감 때문에 전 세계적으로 병원에서 생성되는 데이터 중 80%가 버려진다는 연구 결과가 있을 정도입니다. 그런데 KBS 기자가 취재 과정에서 만난 Finns 중에는 정보 유출에 대한 불안감이나 거부감으로 부정적 대답을 한 사람이 단 한 명도 없었다고 합니다.

도대체 핀란드 정부는 어떻게 국민의 신뢰를 얻고 민감한 의료정보를 수집할 수 있었을까요? 핀란드 보건복지부 차관 빠이비 실라나우께 Päivi Sillanaukee 는 핀란드 정부가 국민 신뢰를 얻은 비결로 철저한 보안과 투명성을 언급했습니다. 핀란드 정부는 정보가 취급되는 모든 과정에 최상의 보호 기술을 활용하고, 환자들은 자신의 생체자원과 데이터를 누가 어떤 목적으로 어디에 어떻게 쓰는지를 언제든지 확인할 수 있습니다. 그래서 Finns는 개인 의료정보가 나쁜 목적으로 이용될 수 있다는 걱정은 하지 않고, 오히려 더 많은 의료정보가 모이면 더 나은 의료서비스를 받을 수 있다는 발전 가능성을 기대하는 거죠. 이러한 Finns의 태도는 사회적 신뢰 social trust 가 핀란드의 든든한 사회적 인프라 social infrastructure 로 자리 잡았음을 분명히 보여줍니다.

2017년 핀란드 상공회의소의 100주년을 기념하는 행사가 핀란디아 홀(Finlandia Hall)에서 열렸습니다. 상공회의소가 주최하는 대부분의 행사장 입구에는 프로그램 안내와 함께 참석자의 이름과 회사, 이메일이 포함된 리스트가 준비되어 있어 행사 이후에도 참석자간 소셜 네트워킹(social networking)을 촉진합니다

사회적 신뢰로 가능한 핀란드 공식 질투의 날

핀란드에는 공식 '질투의 날ᴺational Jealousy Day'이 있다는 사실 알고 계셨나요? 핀란드의 사회적 신뢰로 탄생한 흥미로운 기념일인 11월 1일이면 지난해 누가 얼마를 벌고 얼마를 세금으로 냈는지 알 수 있답니다. 매년 11월 첫날 아침 8시가 되면 핀란드 국세청이 나서서 보도자료를 통해 전년도 10만 유로 이상 고소득자 명단을 공개하거든요. 핀란드에선 약간의 수수료만 내면 정치인, 연예인, 스포츠 스타 같은 유명인사는 물론 친구나 직장동료, 혹은 얼마 전 차를 바꾼 이웃의 소득도 조회할 수 있습니다. 반대로 다른 사람이 내가 낸 납세 정보를 확인하는 것도 가능합니다. 놀랍게도 핀란드를 비롯한 북유럽 국가들은 기업과 개인의 소득과 세금이 투명하게 공개되는 걸 사생활 침해로 여기

지 않습니다.

정부에 대한 신뢰는 물론 부자들을 포함한 타인에 대한 일반적 신뢰 generalized interpersonal trust 가 높은 핀란드에서는 납세의무와 관련된 행정 정보 소득공제액, 세액공제액, 총수입금액, 결정세액 등 를 민감한 개인정보가 아닌 공적인 정보로 간주합니다. 모든 국민이 공문서에 자유롭게 접근할 권리인 정보의 자유가 보장된 Finns는 떳떳하게 벌고 세금을 내는데 굳이 감출 필요가 없다는 거죠. 물론 세금을 좋아하는 사람은 없고 Finns도 예외는 아닙니다. 그런데도 Finns가 복지국가 유지를 위해 GDP의 50%에 가까운 높은 조세 부담을 당연하게 받아들이는 건, 세금을 많이 내도 그 세금보다 내가 받는 복지혜택이 더 크다는 굳건한 신뢰가 있기 때문입니다.

몇 년째 핀란드에서 가장 많은 세금을 낸 모바일게임회사 슈퍼셀 SuperCell 의 창업자 일카 빠아나넨 Ilkka Paananen 도, 방학 동안 파트타임으로 300유로를 번 대학생도, 여섯 자녀를 둔 외교부 공무원 수오미넨 대사도, 핀란드에선 모두가 자발적으로 소득신고를 하고 기꺼이 세금을 냅니다. Finns는 이미 누리고 있는 사회안전망의 혜택과 국가제도를 신뢰하기 때문에 다시 사회에 환원하는 데 조금도 주저함이 없는 거죠. 한 걸음 더 나아가 전 국민의 소득, 재산, 세금은 물론 교육, 고용, 주거, 의료, 복지 등 각종 행정정보를 통합해 핀란드 행정 빅데이터를 구축하고 사회과학 및 정책 연구에 유용한 자료로도 적극적으로 활용하고 있습니다.

정부와 타인을 신뢰하는 Finns는 민감한 개인정보를 투명하게 공유하면서도 불안해하지 않습니다. 오히려 투명한 정보공유가 빅데이터로 활용돼 자신들이 받을 의료서비스와 복지혜택 개선으로 이어질 거라는 기대와 믿음이 확고합니다. 핀란드의 신뢰문화가 핀란드 경제성장에 미치는 영향은 거래 비용 감소에 그치지 않습니다. 사회 인프라로 자리잡은 핀란드의 신뢰문화는 21세기 원유인 빅데이터를 활용하는 다양한 이해관계자 간 협업을 원활하게 하고 의료와 행정서비스 혁신을 위한 연구와 시도를 활성화해 핀란드가 디지털 혁신에서 한발 앞서 나갈 수 있게 합니다.

기업도 신뢰문화의 혜택을 비용 절감과 업무 효율성 향상으로 제한해 소극적으로 해석해서는 안 됩니다. 지속적 성장과 혁신을 시도해야 하는 기업은 다양한 전문 분야 구성원들 간 활발한 협업과 합의를 촉진하는 신뢰문화의 혜택과 가치를 제대로 인지해야 합니다. 작은 실천으로 시작한 긍정적 경험이 쌓이면 기업의 혁신을 이끌고 기업 경쟁력이 될 신뢰문화로 자리 잡을 수 있습니다. 각자의 전문지식과 경험을 기꺼이 공유해도 불안하지 않고, 부서 간 진행 상황을 투명하게 소통해도 억울해지지 않으며, 서로 믿고 더불어 혁신을 이루어 다 같이 공정하게 혜택을 누리는 경험이 구성원들에게 반복되고 조직 내에 누적되어야 합니다.

| 두드리면 열리리라 |

숨바꼭질 할 필요 없는 담당자 찾기

EU 회원국인 핀란드도 유럽연합의 일반데이터보호법 ^{GDPR: General Data Protection Regulation}을 도입해 충실하게 따릅니다. 그런데도 우리와는 사뭇 다른 민감한 개인정보와 공적인 정보를 바라보는 Finns의 시선은 비즈니스 영역에서도 발견할 수 있죠. 기업과 기관은 타인에 대한 일반적 신뢰문화를 기반으로, 담당자 연락처를 비롯한 정보를 투명하게 공개하고 소통을 촉진하며 영역을 넘나드는 협업과 새로운 비즈니스 기회를 더 많이 창출하고 있습니다. 사회적 신뢰가 높은 핀란드에서는 기업 담당자 연락처를 찾기 위해 인터넷을 헤매며 숨바꼭질을 할 필요가 없습니다. 대기업, 스타트업, 심지어 정부 부처도 규모와 분야에 관계없이 담당자 이메일 주소를 쉽게 알 수 있고, 통화나 직접 만나는 미팅의 기회도 핀란드에선 두드리면 열리니까요.

헬싱키대학원 졸업 후 새내기 창업자였던 2016년 초에 있었던 일입니다. 핀란드 외교부 산하 무역대표부 ^{Business Finland}가 주관한 아시아 데이 행사 참가를 위한 온라인신청서를 작성할 때, 참석 예정인 전문가들 중 원하는 전문가를 선택해 일대일 현장 미팅을 예약할 수 있었죠. 그 때 중국 광저우 총영사직을 마치고 핀란드로 돌아와 무역대표부에서 아시아를 담당하던 에에로 수오미넨과 처음 만날 기회를 얻게 되었고요. 30분의 짧은 미팅이었지만 격려와 조언뿐 아니라 다양한 분야의 현지 전문가들을 소개받는 계기가 됐습니다. 이름과 근무처만 전달받았지만 소개받은 현지 전문가들의 연락처를 찾고 미팅을 어레인지^{arrange} 하는 과정은 외국인 새내기 창업가로서도 그다지 어렵지 않았습니다. 이후 주한대사가 된 수오미넨 대사를 다시 만난 건 2018년 헬싱키에서 참석한 핀한협회^{Finland-Republic of Korea Association} 정찬 미팅 자리였습니다. 새내기 창업가였던 제가 핀한협회의 신규 보드멤버가 되어 수오미넨 대사를 다시 만났고, 뒤늦은 감사와 축하 인사를 건넬 수 있었죠.

이메일 주소를 만드는 공식

대부분의 핀란드 기업과 기관은 CEO와 임원을 포함한 모든 직원의 이름과 담당업무, 이메일 주소와 전화번호를 홈페이지에 투명하게 공개하고 있습니다. 예를 들어 헬싱키 상공회의소 홈페이지에서 yhteystiedot^{연락처} 메뉴를 클릭하면 대표이사, 부사장, 본부장을 비롯한 모든 직원의 사진과 이름, 담딩업무와 연락처를 한 번에 확인할 수 있습니다. 업무 성격에 따라 사무실 번호와 휴대폰 번호 중 선택적으로 공개하기도 하지만 이메일 주소가 없는 경우도 흔합니다. 담당 직원 이름과 회사의 홈페이지만 알면 굳이 찾지 않아도 쉽게 이메일 주소를 유추할 수 있기 때문이죠.

 핀란드에선 업무상 사용하는 이메일 주소에 공식처럼 적용하는 형식이 있습니다. 먼저 이름과 성^{last name}을 타이핑하고 그 사이에 마침표^{dot}를 찍은 다음 골뱅이@ 뒤에 회사 도메인을 추가하면 이메일 주소가 뚝딱 완성됩니다. 이를테면 '이름.성@회사명.co.kr'이 이메일 주소인 거죠. 물론 모든 이메일에 100% 회신이 보장되는 건 아니지만 핀란드에선 담당자 연락처를 찾는 과정이 숨바꼭질일 필요는 없습니다. 자신의 의견을 누구나 제안할 수 있고, 설득적인 논리를 제시한다면 미팅의 기회를 얻을 수도 있습니다.

핀한협회는 핀란드를 대표하는 외교, 경제 전문가로서 한국에 체류했던 경험을 공유하는 핀란드 전문가들의 모임으로, 매년 주한대사를 초청해 한국의 최근 정치경제 소식을 듣습니다. 매년 정찬 미팅이 열리는 핀란드 클럽(Helsingin Suomalainen Klubi)은 19세기 말 핀란드 민족주의 운동의 중심이었던 역사적 장소이기도 합니다.

두드리면 열리는 기회

투명한 정보공유와 의사소통을 통해 신뢰문화가 사회 인프라로 자리 잡으면 영역을 넘나드는 협업과 새로운 비즈니스 기회 창출에 유리합니다. 상공회의소에서 새로 런칭할 파일럿 프로그램을 기획하던 2016년 9월, 헬싱키에 거주하는 외국인 기업가의 참여가 절실했습니다. 그때 우연히 핀란드 회사 Wärtsilä ^{바르찔라}가 영국에서 최고 디지털 책임자 ^{Chief Digital Officer}를 영입한다는 기사를 접하고 그의 이름과 성 뒤에 @wartsila.fi를 더해 완성한 이메일 주소로 미팅을 제안하는 메일을 보냈습니다. 며칠 후 기적처럼 회신을 받았고, 예정된 출장과 미팅들로 도저히 시간을 낼 수 없는 상황에서도 그는 업무 시작 전인 오전 7시 반에 시간을 내주었습니다. 이른 아침 30분의 짧은 미팅은 영국인 CDO가 직접 파일럿 프로그램에 참여할 기회를 만들었고, 이후 Wärtsilä가 프로젝트 기업파트너로 기업 탐방 ^{company visit}을 호스트하고, Wärtsilä 경영진 중 한 명이 상공회의소 보드멤버로 조인하는 등 긴밀한 협업의 트리거 ^{trigger}가 됐습니다.

협업과 혁신으로 이어지는 투명한 정보공개

신뢰문화가 사회 인프라로 사리 잡은 핀란드에서는 비즈니스 담당자의 연락처와 정보가 투명하게 공개되어 영역을 넘나드는 소통과 협업으로 새로운 기회를 창출하고 있습니다. 서로 믿어주는 조직문화가 인프라로 자리잡은 기업도 정보 공유와 소통, 협업을 통해 성장과 혁신의 기회를 확대하고 있죠. 이미 학교에서부터 경쟁이 아닌 협력을 강조한 교육을 받은 Finns는 직장에서도 동료나 타 부서, 타 본부와 불필요한 경쟁이 아닌 협업을 당연하게 여깁니다. 각자의 전문성과 역량을 내부 경쟁에 낭비하는 불필요한 소모전은 없습니다. 신뢰문화는 동료나 다른 부서가 정해진 파이^{pie}를 놓고 서로 큰 조각을 차지하려고 다투는 경쟁^{compete}의 대상이 아닌, 서로 보완^{complement}하고 협력^{collaborate}해서 파이를 함께 키워가는 코워커^{co-worker}로 인식하게 합니다. 서로의 다른 전문성이 만나 시너지를 내는 공동작업을 통해 더 나은 결과를 함께 만들어 가려면 서로 믿고 기꺼이 오픈하고 적극적으로 소통해야 합니다.

1

Reflective Questions

우리 조직의 어떤 제도와 시스템이 구성원에 대한 신뢰와 존중을 잘 반영하고 있나요? 기업의 혁신과 변화에 있어서 구성원의 전문성을 신뢰하고 자기주도성을 존중하는 문화가 왜 중요할까요?

2

우리 조직에서 정보공유와 소통을 위해 운영하는 시스템이나 제도는 무엇인가요? 투명한 정보공개와 소통을 어렵게 하는 걸림돌은 무엇이고, 어떻게 긍정적인 변화를 시작할 수 있을까요?

해양선박 글로벌 리더 Wärtsilä

핀란드를 대표하는 Wärtsilä는 해양선박 시장의 글로벌 리더로서 스마트 기술로 지속가능한 사회 구현에 앞장서고 있습니다. 1834 년에 설립된 Wärtsilä는 해양과 육상에너지 발전 관련 장비를 생산 하고 서비스를 제공하는 187년 역사를 지닌 회사입니다. 전 세계 바 다를 항해하는 선박 중 1/3은 Wärtsilä 엔진을 탑재하고 있고 1/2 은 Wärtsilä 서비스를 받고 있다고 할 만큼 글로벌 해양시장 점유율 이 높은데요. 1980년대엔 호화여객선과 쇄빙선 건조에서 세계 최 고의 자리를 누리기도 했답니다. 전 세계 80개 이상의 국가에서 약 19,000명의 직원과 함께 200개 이상의 위치에서 사업을 운영하는 Wärtsilä는, 2018년 순 매출 52억 유로를 기록했습니다.

유럽, 영국, 러시아, 중국 및 동아시아에서 강력한 해양 입지를 확보한 Wärtsilä는 재생 에너지 분야에서도 빠르게 확장하며 성 장하고 있습니다. 배를 만드는 조선업으로 시작했지만 2021년 Wärtsilä의 비전은 '스마트 기술로 지속가능한 사회구현 Enabling sustainable societies with smart technology ' 입니다. Wärtsilä는 해양 및 에 너지 시장에 혁신적 스마트 솔루션을 제공하는 서비스, 시스템, 제품의 통합 포트폴리오를 제공하며 깨끗하고 유연한 에너지와 효율적이고 안전한 운송을 책임지고 있죠. 2016년 영국에서 영입한 최고 디지털 책임자Chief Digital Officer는 Wärtsilä의 수석부사장Executive Vice President 중 유일한 외국인으로 전사적인 디지털 전환Digital Transformation을 총괄했답니다. 데이터 분석과 인공지능을 활용해 수명 주기 전반에 걸친 설치성능을 최적화하고 고품질과 비용 효율성 유지를 위해 생산과 공급망을 관리하는 Wärtsilä는, 디지털화를 통해 시장혁신의 최전선에서 파트너들과 다각도로 협력하며 계속 진화하고 있습니다.

Wärtsilä 헬싱키 캠퍼스 체험관(Helsinki Campus - Experience Centre) © Wärtsilä

스마트 기술로 지속가능한 사회를 구현하는
Wärtsilä Experience Center

2018년 헬싱키 히일리라이뚜린꾸야 Hiililaiturinkuja 에 문을 연 체험관 Wärtsilä Experience Center 을 방문하면, Wärtsilä의 스마트 기술과 혁신적 솔루션이 실생활에서 어떻게 작동하는지 직접 보고 체험할 수 있습니다. Wärtsilä HQ 1층에 있는 250m²의 체험관에서 가상 현실을 통해 전 세계에 위치한 Wärtsilä의 발전소나 유람선을 방문할 수 있고, 엔진의 실시간 원격제어를 관찰할 수도 있고요. 체험관 한가운데 있는 추진기 모양의 초대형 배럴 NEST는 Wärtsilä 스마트 기술과 최신 솔루션 및 제품을 360° 멀티미디어로 몰입감 넘치게 선보이기도 하죠. 다른 한 편에는 10m의 거대한 곡선형 미디어 화면에 Smart Marine과 Smart Energy Visions 진행 상황이 시각화로 보입니다. 방문자에게 강력한 시청각 경험을 선사하는 체험관은 Wärtsilä가 데이터를 활용해 전사적 디지털화 Digitization 를 진행하는 여정에서 얻은 통찰력과 영감을 인상적으로 공유하는 공간입니다. 글로벌 기술 리더로서 Wärtsilä는 지속가능한 사회 구현을 위해 지금도 그들의 노하우를 공유하며 최선을 다하고 있습니다.

4. 믿어주는 문화를 만들어가는 개인의 역할

■ Being trustworthy requires: Doing the right thing. And doing things right.
■ 신뢰할 수 있는 사람이 되기 위해서는 올바른 일을 제대로 해야 한다.
Don Peppers

| STOP micromanagement START empowerment |

자기 효능감을 향상하는 위임과 권한 부여

기업과 리더가 구성원을 신뢰하면 어떤 변화가 있을까요? 구성원의 전문성과 성장잠재력을 신뢰하는 기업과 리더는 소소한 간섭이나 통제보다 위임 delegation 과 권한부여 empowerment 를 확대하게 됩니다. 신뢰의 긍정 경험은 구성원들의 심리적 안전감과 업무 자신감으로 이어지고요. 구성원이 자신의 전문성과 성장잠재력을 존중받으면 업무 몰입 engagement 과 자기 통제력 self-regulation 과 자기 효능감 self-efficiency 이 향상됩니다. 캐나다의 심리학자 앨버트 밴듀라 Albert Bandura 가 제시한 개념인 자기 효능감은, 어떤 상황에서도 적절한 행동을 통해 특정 임무를 달성하는 자신의 능력에 대한 개인의 기대와 신념을 의미합니다.

상공회의소에서 제 리더였던 본부장은 프로젝트의 시작부터 끝까지 저의 주도성 initiative 과 자율성 autonomy 을 인정하고 권한을 부여하면서 지속적인 신뢰와 존중을 보여줬고, 그 결과 모두의 기대와 예상을 넘어선 프로젝트 성과로 이어졌습니다. 다양한 이해관계자가 참여하는 프로젝트를 기획·운영 하는 동안 핀란드인 본부장과 의견이 다른 경우가 종종 있었습니다. 때론 긴 시간 열띤 토론에도 불구하고 팽팽한 평행선처럼 서로의 이견이 좁혀지지 않기도 했죠. 하지만 전문가로서의 제 결정과 의견이 언제나 존중받고 있다는 신뢰가 흔들린 적은 없었습니다.

고학력 해외인재의 핀란드 취업과 창업을 지원하는 프로젝트를 기획할 때였습니다. 본부장은 취업률을 높이는 데 집중하자고 제안했지만, 저는 참가자들이 창업과 취업의 기회를 스스로 발견하고 만들어갈 능력 employability 을 높이는 데 우선순위를 두었습니다. 그러한 제 기획 의도에 본부장은 처음엔 의문을 보이기도 했죠. 하지만 여러 차례 의견을 나눈 결과 본부장은 제 의견과 결정을 존중했습니다. 그렇게 진행된 프로젝트는 해외 인재들이 창업과 새로운 기회 창출로 핀란드 경제와 사회에 기여할 수 있음을 확인하는 계기가 되었고, 정량적 측정에 제한되지 않고 정성적 성장을 추구한 접근방식은 핀란드와 유럽의 신규 프로젝트들이 벤치마킹하는 사례가 됐습니다.

프로젝트를 맡은 지 2년째 되던 해인 2017년에는 핀란드를 대표하는 우수 프로젝트로 선정되어 헤이그 The Hague 에서 열린 국제 메트로폴리스 컨퍼런스 International Metropolis Conference 에 심포지엄 발표자로 초청받았습니다. 국제 메트로폴리스 컨퍼런스는 매년 700~1,000여 명의 각국 정부, 기업, 학계 전문가가 모이는 이민, 통합, 다양성 분야에서 가장 큰 규모의 세계 포럼입니다. 그 이듬해인 2018년에는 독일 네트워크IQ: Integration through Qualification이 글로벌 우수사례로 소개한 핀란드의 첫 번째 케이스로 선정되기도 했습니다. 네트워크IQ는 2005년부터 독일연방 인적사회부 Federal Ministry of Labour and Social Affairs 주관하에 16개의 독일 지역 네트워크가 참여해서 다양한 프로젝트를 운영하는 연방 연합 기관입니다.

그 밖에도 영국 윈스턴처칠 메모리얼 트러스트 The Winston Churchill Memorial Trust 에서 지원하는 연구에 벤치마킹 사례로 인터뷰를 요청받았고, 핀란드 주요 도시 기업과 공무원을 대상으로 한 다양한 세미나에 강연자로 자주 초대받기도 했습니다. 처음엔 유럽연합 지원금으로 운영됐던 프로젝트가 지금은 핀란드 경제고용부 Ministry of Economic Affairs & Employment 가 주관하는 탤런트 부스트 Talent Boost 의 핵심 프로그램으로 유지·운영될 만큼 인정받고 자리 잡게 되었고요. 해외 청년들의 핀란

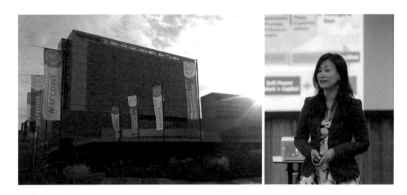

국제 메트로폴리스 컨퍼런스(International Metropolis Conference)는 1990년대 중반부터 다양한 이해 관계자들 사이에서 정책 관련 정보와 지식을 나누고 효과적인 교류를 촉진할 목적으로 전 세계의 주요 의사 결정자와 실무자, 연구자를 연결해 왔습니다. 2017년 개최된 컨퍼런스는 글로벌 인재이동과 다양성, 사회통합을 주제로 9월 18일~22일 네덜란드 헤이그에서 열렸습니다.

드 유학, 취업, 창업을 지원하는 범정부 차원의 해외 인재유치 프로그램인 Talent Boost는 2019년 한국-핀란드 정상회담 자리에서 양국 간 인재교류 협력 다양화를 위한 방안으로도 논의된 바 있습니다.

프로젝트를 진행하는 동안 제 능력과 결정에 스스로가 의문을 품고 불안해하고 흔들릴 때마다, 리더의 격려와 인정은 다시 자신감과 책임감으로 재무장하고 목표를 향해 나아갈 힘이 됐습니다. 충분한 토론과 논의를 하고 나면, 한결같이 본부장은 프로젝트를 맡아 진행하고 있는 제 전문성과 잠재력을 리더와 상공회의소가 전적으로 신뢰하고 존중하고 있다며 격려했죠. 핀란드 직장생활에서 경험한 신뢰와 존중은 결국, 저를 구성원으로 채용하고 프로젝트를 맡긴 기업과 리더 자신들의 안목과 선택에 대한 신뢰라는 생각이 듭니다. 우수한 인재영입을 위해 시간과 노력을 들인 만큼 그 인재가 최선을 다해 최고의 능력을 발휘할 기회와 환경을 제공하겠다는 핀란드 기업과 리더의 마인드셋mindset을 직접 체험할 수 있어 감사했습니다.

직무 만족, 조직 몰입, 혁신 행동으로 이어지는 자기효능감

기업과 리더가 구성원의 전문성과 성장잠재력을 신뢰하고 존중하면 구성원들은 어떤 상황에서도 적절한 행동과 선택을 할 수 있는 자기 효능감이 높아집니다. 조직 신뢰도와 자기 효능감은 구성원의 직무 만족, 조직 몰입, 혁신 행동으로 이어지며, 기업 내 공유되는 가치를 인식하고 실천하는 데 긍정적 영향을 미치게 되죠. 신뢰와 존중의 문화는 조직 내 다양성을 연결하는 공동작업 증진을 통해 조직의 유효성을 높이고 기업의 수익향상과 창조혁신에 기여하게 됩니다. 리더는 책임과 권한을 구성원에게 위임해 스스로 주인의식을 가지고 적극적이고 책임감 있게 업무를 수행할 수 있게 해야 합니다. 사소한 것까지 일일이 간섭하고 참견하는 마이크로 매니지먼트micromanagement를 멈추고, 조직 구성원의 주도성, 혁신성, 창의성을 배양하는 임파워먼트empowerment를 강화해 나가는 것이 필요합니다.

| 유연한 건 좋지만, 초과해선 안돼 |

시간 지키기로 유명한 Finns와 유연근무

"스톡끄만 Stockmann 시계 아래에서 만나자." 헬싱키 세계무역센터 World Trade Center 맞은편에 위치한 스톡끄만 백화점은 센트럴 기차역과 버스터미널과도 가까워서 Finns가 애용하는 최고의 만남의 장소인데요. 백화점 시계 밑에서 만나기를 즐기는 Finns는 시간엄수 punctuality 에 철저하기로 유명합니다. 시간엄수를 중요하게 생각하고 엄격하게 지키는 핀란드지만, 기업에선 이미 10년 전부터 유연근무 agile working 를 도입해 시행하고 있답니다. 핀란드 직장생활에선 지각이나 칼퇴근이라는 개념 없이 누구나 가장 효율적으로 일할 시간을 스스로 유연하게 선택합니다. 유연근무의 바탕에는 기업과 리더가 감독과 통제 대신 구성원 개개인의 자기주도성과 전문성을 존중하고 신뢰하는 문화가 있습니다.

헬싱키 최고의 만남의 장소인 알렉산떼리 거리(Aleksanterinkatu)의 스톡끄만(Stockmann) 시계 아래는 십대들이 첫 데이트를 위해 만나는 장소이자, 직장인들이 친구와 만나 함께 쇼핑을 가거나 술을 마시러 가기 전에 만나는 곳입니다. © Helsinki-in.com

일보다 사람이 우선인 근무시간

업무시간의 양^{quantity} 보다 업무의 질^{quality} 에 더 집중하는 핀란드 기업은 일보다 사람에 우선순위를 두고 병가^{sick leave} 와 초과근무^{overtime}를 관리합니다. 그래서 내가 아프거나 애가 아플 때도 전화 한 통이나 이메일로 알리기만 하면 됩니다. 한 번은 감기 기운으로 근무시간 중 병원을 다녀온 적이 있는데, 핀란드 의사들은 감기 초기증세에는 항생제 처방 대신 충분한 휴식, 수분과 비타민 섭취를 권하거든요. 그래서 그날도 처방전 대신 회사에 제출할 진단서를 받긴 했지만 해야 할 업무가 있어 다시 사무실로 돌아왔습니다. 그런데 오전 내내 컨디션이 좋지 않아 보인 저를 걱정해 사무실에 들렀던 본부장과 동료들이 진단서를 발견하고는 억지로 집에 보낸 적도 있습니다. 내가 아프거나 아이가 아파서 업무집중도가 떨어지고 최고의 퍼포먼스를 낼 수 없다면 컨디션 회복이 우선이라는 지극히 당연한 상식을 실천하라는 거죠.

아파도 참고 내 건강을 희생하면서까지 일하는 게 미덕이 아닌 핀란드 기업에서는 지나친 초과근무^{overtime} 도 칭찬받을 일이 아닙니다. 오히려 초과근무 누적시간이 40시간을 넘으면 부서장과의 특별면담 사유가 됩니다. 특별면담 목적은 초과근무의 원인을 파악하고 휴가를 빠른 시일 내에 사용하도록 적극적으로 권장하는 데 있습니다. 40시간의 기준은 초과근무가 반복되고 누적될 만큼 업무량이 지나치게 많은 건지, 업무분담이나 추가 인력지원이 필요한지, 다른 개인적 문제로 업무

효율성이 떨어지는 건 아닌지, 리더와 구성원이 현재 상황을 파악하고 원인을 분석해 함께 해결방안을 찾아가는 대화가 필요한 시점으로 인식합니다. 과로로 인해 피로와 스트레스가 누적되지 않도록 구성원 자신뿐 아니라 조직과 리더도 적극적으로 관심을 보이며 관리하는 거죠.

직원의 건강이 곧 기업의 건강

한 사람 한 사람의 전문성과 자기주도성을 존중하고 신뢰하는 핀란드 조직문화는 개개인의 몸 건강도 마음 건강도 기업의 소중한 자산을 대하듯 관리합니다. 장기화된 코로나19 팬데믹으로 구성원의 심리적 안전감Psychological Safety 과 마음 챙김 Mindfulness 과 정신건강Mental health 의 중요성이 재조명받고 있습니다. 유럽과 북미 기업들은 팀장의 중요한 임무로 팀원들의 소속감과 멘탈 관리를 강조했고, 구성원의 번 아웃burn-out 이나 코로나 블루 극복을 지원하는 핫라인과 심리상담을 신설하기도 했죠. 회사로고가 박힌 마스크나 선물 박스로 마음을 전한 기업도 적지 않았습니다. 기업이 구성원의 마음을 챙기고 정신건강에 관심을 두는 건 생색낼 복지가 아니라 지극히 당연한 조직문화의 기본이라는 인식의 전환이 필요합니다. 직원의 건강이 곧 기업의 건강입니다.

| 일단 믿고 GO~: 하이브리드워크 Hybrid Work |

시대변화에 발 빠른 핀란드 유연근무제

10년 넘게 유연근무를 실행 중인 핀란드는 구성원들의 만족감과 몰입도, 업무성과와 효율성 향상을 근거로 유연근무와 리모트워크 remote-work 를 확대하고 있습니다. 핀란드 기업은 신규사업 발굴이나 혁신 추구에 있어서도 유연근무의 역할을 중요하게 인식합니다. 코로나 19 팬데믹 이전에도 상공회의소에서는 한 달에 두 번 원하는 날짜에 에따뚜오빠이바 etätyöpäivä: 리모트워크 가 가능했고 2017년부터는 주 1회 월4회 로 늘어났죠. 이미 낮은 제약조건으로 구성원들에게 최대의 유연성을 제공해 온 핀란드지만, 2020년 첫 날 발효된 새로운 근로시간법은 이전보다도 더 많은 유연성을 허용합니다. 시간 장소에 제한이 없거나 적은 업무가 늘어나고 있는 시대적 변화에 핀란드 정부와 기업이 발 빠르게 부응한 결과입니다.

Working regulary at home 2020
share of employed persons

15% January

31% November

2021년 핀란드 통계청이 발표한 보고서에 따르면, 2020년 1월 15%였던 재택근무 비율이 11월 31%로 늘어나 한 해 동안 핀란드내 재택근무가 2배 이상 증가했습니다. @ Finland in Figures 2021

개정된 근로시간법은 근무시간을 합의하는 고용주와 직원에게 더 많은 재량권을 주었습니다. 고용주가 업무와 목표, 전체 일정을 정의하지만 직원이 더 많은 유연성을 가지고 근무시간과 장소를 조정할 수 있게 된 거죠. 유연한 근무시간은 특정 시간에 근무하는 것보다 업무 목표와 전체 업무시간이 더 중요한 전문 업무에 적합하지만, 근무시간 은행제도는 모든 사업장에서 시행할 수 있습니다. 직원이 연간 최대 180시간을 근무시간 은행에 저축할 수 있고 원하는 시기에 더 긴 휴가를 즐길 수도 있답니다. 근무일에 최대 4시간까지 단축하거나 연장하는 탄력근무 시간을 활용할 수도 있고요. 정규 근무시간 전후가 아니어도 임의로 시간을 선택하고 조율할 수 있는데, 예를 들면 오후 3시에 퇴근해서 아이들을 픽업하고 가족과 함께 저녁 시간을 즐긴 후 밤 9시부터 11시까지 탄력근무 시간을 사용하는 것도 가능합니다.

믿고 시도한 리모트워크, 긍정적 신뢰의 경험

코로나19 팬데믹 장기화는 우리가 당연히 여기던 많은 부분에 변화를 초래했고, 많은 사람이 포스트 코로나 시대의 기업일터도 이전과 다를 거라고 예측하고 있습니다. 2021년 여름 『월스트리트저널』의 발표에 따르면 설문조사에 응답한 9,326명 중 83%의 근로자가 하이브리드워크 hybrid work 를 최적의 근무환경으로 꼽았습니다. 미국 경영진 127명 중 82%도 리모트근무와 사무실 근무의 병행을 선택했고요. PwC가 조사한 미국 경영진 133명 중 83%는 리모트워크가 성공적이었다고 평가했고, Mercer의 결과보고서에서도 경영진 800명 중 94%가 리모트워크 중 생산성이 같았거나 더 높았다고 답변한 것으로 나타났습니다.

지금도 미국 빅테크 기업들을 선두로 기업들이 속속 하이브리드워크 계획을 발표하고 있습니다. 이는 리모트워크를 병행하는 하이브리드워크가 기업의 생산성을 향상하고 비용을 절감할 뿐만 아니라, 근무 유연성과 선택권 존중이 구성원들의 업무 만족도 향상에도 긍정적 영향을 미치고 있기 때문입니다. 보이지 않아도 각자의 몫을 책임감 있게 잘 해낼 거라고 믿고 시도한 결과, 구성원과 기업 경영진 모두에게 긍정적인 신뢰의 경험이 된 거죠. 팬데믹으로 우리는 일하는 공간과 일하는 방식의 변화를 경험하고 있습니다. 깃랩 GitLab 의 대런 머프 Darren Murph 원격부문장은 "앞으로 최고의 인재는 하이브리드워크를 지원하는 기업을 선택할 것"이라고 말하며 "사고방식을 바꾸지 않으면 뒤처진다."고 경고합니다. 구성원이 일하는 공간에 상관없이 탁월한 업무환경을 경험하고 성과를 낼 수 있도록 지원하는 기업으로의 전환이 시급합니다.

1

우리 조직이 운영하는 제도와 시스템 중에서 구성원 만족도가 높고 성과와 효율성 향상에도 기여하고 있는 긍정적인 사례들은 무엇이고, 왜 그렇다고 생각하나요?

2

리모트워크를 시도하기 전 가장 우려했던 사항들은 무엇이었고, 어떻게 대비하고 대응했나요? 리모트워크 실행과 평가 과정에서 배운 레슨과 앞으로 보완할 사항들은 무엇이고, 왜 그렇게 생각하나요?

5. 단조로운 일상 속 반복이
브랜드가 된 핀란드 조직문화
Bland into Brand

■ Consistency is the true foundation of trust.
■ 한결같음은 신뢰의 진정한 기초이다.
Roy T. Bennett

근육과 닮은 신뢰문화

코로나 시국에 갑자기 몸무게가 늘어버린 '확찐자'와 장기간 재택
근무로 코로나 블루를 겪는 직장인들이 늘어나면서 운동에 관한 관심
도 커지고 있습니다. 그래서인지 기업의 믿어주는 신뢰문화가 우리 몸
의 근육과 닮았다는 생각이 드는데요. 건강한 몸과 마음을 유지하려
면 적당한 근력운동이 필요하다는 건 모두 알고 있지만, 머리로 알고
'운동할 거야'라고 입버릇처럼 말한다고 해서 근육이 저절로 생기는
건 아니죠. 믿어주는 문화도 마찬가지입니다. 아무리 다양한 연구와
사례를 많이 알고 홍보 기사와 리더 연설을 통해 신뢰를 강조하는 말
잔치를 하더라도, 기업에서 직접 실행하고 체험되는 신뢰문화가 없으
면 아무 소용이 없습니다.

근육을 키우는 건 남이 대신해 줄 수도 없고 오랜 기간 꾸준히 운동을 반복하는 자신의 노력만이 답인 것처럼, 기업의 신뢰문화도 조직과 리더, 구성원 모두가 일상에서 실천을 반복하는 신뢰 경험이 누적되어야 합니다. 한동안 강도 높은 훈련으로 만든 근육도 지속적으로 연마하지 않으면 유지할 수 없는 것처럼, 반복된 경험의 결과인 신뢰 역시 잠깐 하다 마는 일회성 이벤트로는 기업문화로 정착될 수 없죠. 익숙하고 오래된 습관을 낮설고 새로운 습관으로 바꾸는 조직의 '습관 성형'은 하루아침에 이루어지지도, 한 사람에 의해 이루어지지도 않습니다. 근육을 만들고 유지하는 새로운 행동 양식을 시작하고 꾸준한 운동습관으로 정착시키기 위해선 지속적인 노력과 시간이 필요하고요. 기업 내 믿어주는 문화가 새로운 행동 양식으로 자리 잡기 위해서도 모두의 노력과 시간이 필요합니다.

신뢰문화는 기업의 코어근육

근육이 약해지면 갖가지 만성 질병의 원인이 된다고 의사와 전문가들은 경고합니다. 근육이 약해지면 척추를 안정적으로 지탱하지 못해 허리디스크 증상이 발생하고, 혈당을 제대로 소비하지 못해 당뇨가 생길 위험이 커지기도 하죠. 반면에 충분한 수축과 이완 운동의 반복으로 근육이 튼튼해지면, 어쩌다 넘어져도 쉽게 뼈가 부러지지 않습니다. 서로를 신뢰하는 조직문화는 기업이 건강할 때뿐만 아니라, 위기의 상황일 때 더욱 그 진가를 발휘하게 됩니다. 근육이 우리 몸의 골격과 함께 신체를 지탱하고 심장과 함께 피를 순환시키며 면역시스템과 함께 면역력을 증진시키는 것처럼, 믿어주는 문화는 평소에는 기업을 지탱하는 기둥 역할과 효율성을 높이는 펌프 역할을 하고 위기에는 코어근육처럼 기업의 회복탄력성 resilience 에 결정적 역할을 합니다.

신뢰가 높은 조직문화는 개인과 기업이 혹시 넘어진다 해도 덜 다치고 더 빨리 회복할 수 있는 든든한 코어근육이 되고 기초체력이 됩니다. 내 몸의 근육은 내가 챙겨야 하고 의사나 남이 내 근육을 대신 만들어 줄 수 없는 것처럼, 조직의 신뢰문화도 우리 스스로 챙기고 키우고 유지해야 합니다. 내가 지켜낸 근육이 다시 내 건강을 지켜주는 것처럼, 조직과 리더와 구성원이 함께 만들고 키운 신뢰문화는 기업이 순항할 때뿐만 아니라 위기의 파도 앞에 있을 때도 기업을 지켜줄 든든한 버팀목이 됩니다. 북유럽의 단조로운 bland 일상 속에서 꾸준히 반복하고 실천해온 신뢰문화는 이제 핀란드를 상징하는 국가 브랜드 brand 로 자리잡았습니다. bland into brand 서로를 믿어주는 조직문화를 위한 일상 속 작은 실천 한가지, 우리도 오늘부터 시작해 보는 건 어떨까요?

Bland into Brand

#공정이상식 #홈리스없는Homeless-less
#프로토콜경제 #사회적약자 #ESG

공정한 문화

공정한 문화를 위한 사회의 몫
공정한 문화를 위한 기업의 몫
공정한 문화를 위한 각자의 몫
경쟁의 시대에 상호보완의 가치를 실현한 핀란드 조직문화
- Competitive into Complementary

1. 공정한 문화를 위한
   사회의 몫

■ Fairness is giving all people the treatment they earn and deserve.
■ It doesn't mean treating everyone alike.
　　공정은 모든 사람에게 그들이 받을 자격이 있는 대우를 해주는 것이지,
　　모든 사람을 똑같이 대하라는 뜻은 아니다.
John Wooden

| 화려한 성적으로도 감출 수 없는 것 |

한국 평균 국가 행복지수, 10점 만점 중 5.85점

　세계경제가 코로나19 팬데믹으로 큰 타격을 입은 2021년에도 자랑스러운 대한민국의 경제성적표는 화려하기만 합니다. 국내총생산 GDP 1조 6천억 달러, 세계 경제순위 10위로 당당히 30·50클럽 1인당 국민총소득 GNI 3만 달러 이상, 인구 5천만 명 이상의 조건을 만족하는 국가에 이름을 올렸습니다. 게다가 EU 혁신지수 평가 9년 연속 1위, 『블룸버그』 혁신지수 세계 1위, 그리고 <기생충>, BTS, <오징어게임>의 활약 속에서 소프트파워 세계 2위의 쾌거까지 이뤄냈죠. 유엔무역개발회의 UNCTAD 는 한국의 국제지위를 선진국 회원인 Group B로 격상했고, 이제는 G7 정상회의에도

2년 연속 초대받는 나라가 되었습니다

그런데 한국개발연구원^{KDI} 경제정보센터가 2021년 발행한 보고서에 의하면, 한국의 2018~2020년 평균 국가행복지수는 10점 만점에 5.85점, OECD 37개국 중 35위라고 합니다. 세계 10위 경제 강국이라는 화려한 성적표를 손에 들고도 왜 우리는 행복하지 않은 걸까요? 국내 기업들 상황도 크게 다르지 않습니다. 화려한 국가의 경제성적과 기업의 경영성과에도 불구하고 우리의 국민 행복지수와 구성원 만족도는 초라한 수준입니다. 양적 성장중심의 제도와 시스템이 불공정 문제를 더욱 심화하고 건강한 사회로의 질적 성장에 걸림돌이 되고 있는 씁쓸한 현실입니다.

플랫폼 경제의 불공정 이슈

2021년 상반기 성과급 책정기준과 임원 성과급에 문제를 제기한 MZ세대 직원들은 국내 굴지의 대기업들을 당혹하게 했습니다. 어느 대기업의 4년 차 직원은 사장과 전 직원에게 직접 이메일을 보내 성과급 불공정 이슈를 제기했고, 또 다른 기업에선 한 달 만에 500명의 조합원을 보유한 사무연구직 노동조합이 설립되기도 했죠. 다른 한편에서는 코로나19로 역대 최고 실적을 기록한 국내 대형 IT기업의 은둔형 창업자들이 사내청문회에 줄줄이 소환되어 직원들의 미미한 성과급 인상에 대해 직접 해명해야 했습니다. 소위 MZ세대의 성과급 반란이라고 불리는 이러한 일들의 배경에는 플랫폼 경제의 불공정 이슈가 있습니다.

플랫폼 경제란 과거 직접 제품을 생산하고 공급하는 거대기업 중심이던 중앙화 경제가 1990년대 이후 등장한 플랫폼을 제공하고 수수료를 받는 미국의 MANG^{메가, 아마존, 넷플릭스, 구글}과 중국의 BAT^{바이두, 알리바바, 텐센트}를 중심으로 진화한 것을 의미합니다. 문제는 팬데믹을 거치면서 일부 대형 플랫폼 기업들의 데이터 독점으로, 창업자만 막대한 부를 축적하는 승자독식 구조가 더욱 견고해지는 데 있습니다. 실제로 미국에서는 상위 10% 부자가 미국 전체 주식의 89%를 보유하고 있을 만큼, 심각한 부의 쏠림 증상이 점점 심각해지고 있는 실정입니다.

공정이 화두인 시대

국내총생산 GDP가 늘어나고 기업이 사상 최대의 매출기록을 경신해도 국가 행복 성적표는 참담하고 기업 구성원들의 불만은 커져만 가고 있습니다. 그래서인지 우리는 공정에 관심도 많고 또 공정이 화두인 시대를 살아가고 있습니다. 기울어진 운동장이 평평해져 기회가 공평하고 공정과 정의가 살아있는 사회에 살기를 모두가 바라고 원하지만, 부의 양극화^{bipolarization}를 해결하기란 생각만큼 쉽지 않죠. 분배적 패러다임으로 접근해 극심한 소득 불평등을 줄여보려고 해도, 기회의 균등이라는 관점에서 또다른 난제들에 부딪히게 됩니다. 적극적 소수자 배려

정책 affirmative action 은 또 다른 불공정과 역차별의 문제가 되기도 합니다.

그래서 전문가들은 분배의 공정성뿐 아니라 사회의 구조적 억압, 제도적 차별 해소에 초점을 맞춰 양극화 문제해결에 접근해야 한다고 제안합니다. 전문가들은 각자가 자의적 기준으로 보편타당한 공정을 정의해선 안 된다고 경고합니다. 무엇보다도 우선 '공정이 무엇인지'에 대한 다양한 구성원들의 치열한 논의를 거쳐 공정을 정의하는 사회적 동의와 합의가 반드시 선행되어야 한다는 거죠. 핀란드는 꽤 오랜 시간 동안 이 난제와 씨름하며 핀란드식 공정의 사회적 합의를 만들고 making 구축하고 building 지켜오고 keeping 있습니다. Finns가 합의하고 상식으로 여기는 핀란드식 공정이 무엇인지, 지금부터 그 이야기를 시작해 보려고 합니다.

| 속도 위반으로 2억을 낸다고요? |

소득 기준의 누진적 범칙금

핀란드식 공정을 단적으로 보여주는 유명한 사례가 있습니다. 2002년 노키아 부사장이던 안씨 반요스끼 Anssi Vanjoski 는 시속 50km로 주행해야 하는 구간에서 75km/h로 운전했는데, 그에 대한 벌금으로 약 2억 원을 냈습니다. 25km/h의 과속에 대한 벌금이 2억 원이라는 게 믿어지세요? 핀란드에선 가능하고 당연합니다. 왜냐하면 핀란드에는 음

주운전이나 과속으로 교통법규를 위반하면 운전자 소득을 기준으로 벌금을 산정하는 누진적 범칙금 부과제도가 있거든요. 이 제도에 따라 안씨 부사장이 낸 벌금은 그의 14일 치 소득에 해당합니다. 위반의 정도와 위반자의 소득수준에 상응하는 벌금을 부과하는 핀란드 교통법규는, 소득과 무관하게 누구에게나 동일한 벌금을 적용하는 우리와는 많이 다르죠.

'어디로 가는지 모르는 길은 건설하기 어렵지만'(Roads going to nowhere are hard to build.)
핀란드에는 사회적 동의와 합의를 거친 분명한 나침반인 '핀란드식 공정'이 있습니다.
우리나라 면적의 5배인 국토에 1/10의 인구가 사는 핀란드 국도는 대체로 한가롭지만,
모두가 약속한 규정 속도를 잘 지키고 간혹 위반하면 누진 범칙금도 성실히 냅니다.

가끔 국내 뉴스에서 접하는 장애인전용 주차구역에 상습적으로 불법주차 하는 차주들 소식은 눈살을 찌푸리게 합니다. 사회적 약자의 권리를 침해하고 타인에게 피해를 주고도 죄책감이나 부끄러움을 느끼지 못하는 파렴치한들이 여전히 존재하는 까닭은, 법의 책임이 누군가에게는 고작 10만 원짜리 조금 비싼 주차요금 정도로 여겨질 만큼

가볍기 때문은 아닐까요? 우리가 약속한 규칙이 삶의 기본상식으로 자리 잡으려면, 내 권리만 주장해 남을 위험에 빠뜨리는 천박한 행동에는 그에 걸맞은 책임의 무게가 따라야 합니다. 동일한 벌금 액수 대신 벌금을 내는 운전자가 느끼는 부담감의 무게가 핀란드 사회가 합의하고 지키고 있는 핀란드식 공정의 기준입니다.

핀란드 고소득자는 벌금도 많이 내지만 세금도 많이 냅니다. 지난 10여 년 간 매년 500억 원의 소득세를 낸 슈퍼셀 CEO인 일카는 세금을 어떻게 생각할까요? 한 인터뷰에서 일카는 자신과 슈퍼셀의 성공의 공을 핀란드가 제공한 창업지원 제도와 사회적 인프라에 돌렸습니다. 이미 사회에서 많은 것을 받은 자신의 성취를 통해 공평한 기회가 보장되는 사회를 유지하는 데 납세로 기여할 수 있어 기쁘다는 모범답안 같은 말도 덧붙였습니다. 핀란드에선 성실한 납세의무로 안정된 사회를 만든다는 것이 일카만의 생각도 아니고 그냥 멋있어 보이려고 하는 말도 아닙니다. 소득과 직업에 상관없이 Finns라면 누구나 당연하게 공감하는 상식인 거죠.

공정한 사회와 기회 창출에 세금이 쓰인다는 믿음

기꺼이 거액의 벌금과 세금을 내는 게 어떻게 핀란드식 상식이 되었을까요? 그 배경에는 Finns가 낸 세금이 공공재와 사회기반시설에 올바르게 사용된다는 굳건한 사회적 신뢰가 있습니다. 소득에 상관없이 모두가 양질의 교육과 의료서비스를 제공받으며 이미 공정한 기회를 누리고 있는 그들에겐, 공정한 사회를 유지하기 위해 각자 소득에 비례한 벌금과 세금을 내야 하는 게 지극히 당연한 상식인 거죠. 하지만 핀란드가 이런 제도를 도입하고 사회적 공감을 형성한 것이 하루아침에 이루어진 일은 아닙니다. 오랜 시간 핀란드 정부가 공을 들이고 다양한 사회 구성원들의 치열한 논의와 합의를 거쳐왔습니다. 이를 기반으로 구조적, 제도적 해결방안을 모색하고 정착시키는 과정을 거쳐 마침내 사회적 동의에 이르고 핀란드식 공정이 상식으로 자리 잡았습니다.

일카의 인터뷰를 취재한 기자가 기사 마지막에 덧붙인 한 줄이 흥미로운데요. 기자가 만났던 성공한 Finn은 자신이 얼마나 평범한지 말하려 하는데 반해, 성공한 한국인은 자신이 얼마나 특별한지 말하려 한다고 합니다. 성공의 원인을 나로 보는지 사회로 보는지에 따라 세금이 아까울 수도 있고 반가울 수도 있겠다는 말에 공감하게 되지 않나요? 세금이 공정한 사회를 위해 쓰인다는 믿음이 생기고 내는 세금이 아깝지 않으려면 사회적 신뢰가 먼저 회복되어야 합니다. 사회적 약속인 법과 제도를 준수하지 않은 책임을 묻는 범칙금에도 부끄러운 불법행위가 반복적 습관으로 굳어지지 않도록 충분히 묵직한 책임의 무게가 필요하고요. 성실한 준법과 납세가 억울하지 않도록 정부와 이웃을 믿을 수 있는 사회적 신뢰의 토대 위에 한국식 공정을 합의하고 지켜가야 합니다.

| Homeless-less가 보여주는 것 |

노숙자가 없는 Homeless-less 핀란드

서울에도 있고 미국 샌프란시스코, LA, 뉴욕에도 있는데 헬싱키에는 없는 게 있습니다. 길거리에서 노숙하며 숙식을 해결하는 홈리스 homeless인데요. 얼마 전 테크기업 성지로 매년 수많은 백만장자가 새로 탄생하는 실리콘밸리에 역설적이게도 노숙자가 기하급수적으로 늘고 있다는 충격적인 현지 언론 보도가 있었죠. 극심한 경제 양극화 결과로 드러난, 혁신의 어두운 그늘에 답답한 마음이 듭니다. 그런데 핀란드에선 노숙자를 좀처럼 찾아보기 어렵습니다. 핀란드는 38세금징수팀이 고액 상습체납자를 추적하지도 않고, 미국처럼 대통령이 나서서 'Just pay your fair share!' 당신의 정당한 몫을 지불하시오! 라고 쓴소리를 하지도 않습니다. 그런데도 Finns는 기꺼이 누진적 과세를 내며 성실히 납세의 의무를 지킵니다.

그 배경에는 핀란드 정부가 그들이 낸 세금을 그들이 함께 만들고 지켜온 공정한 사회 인프라를 유지하는 데 정당하게 사용한다는 Finns의 굳건한 신뢰가 있습니다. 핀란드 세금은 노숙자 문제 해결을 위한 비용 대신 집 없는 사람이 없는 homeless-less 사회를 유지하는 데 쓰입니다. 숨어있는 질병이 심각한 단계로 발전하기 전에 건강검진으로 미리 살피고 예방하는 게 낫다는 건 우리도 이미 잘 알고 있죠. 핀란드는 치안, 공중위생과 같은 사회문제가 발생한 후에 해결하기보다 사회문제 발생을 예방하는 데 더 많은 투자와 노력을 기울입니다. 핀란드는 오래 전부터 경제적 불평등 해소와 평등한 사회구조 유지를 위해 약자에 대한 배려에 우선순위를 두기로 합의하고, 조금 더디더라도 조금씩 나아지는 사회에서 모두가 더불어 잘 살아가는 공존을 선택했습니다.

핀란드 국립오페라발레극장(Suomen Kansallisooppera ja -baletti)은 소득에 상관없이 누구나 오페라, 뮤지컬, 발레 공연을 감상할 기회를 제공합니다. 대학생 할인 혜택뿐 아니라 실업자나 연금 수급자도 티켓 가격에 상관없이 20~50유로의 특별요금으로 관람할 수 있습니다. 한달에 한 번 토요일 오후에는 오페라하우스 로비에서 무료 콘서트를 열고 상영 중인 오페라와 뮤지컬의 명장면을 공연합니다. 핀란드에서 문화생활은 누구나 누리는 기본권 중 하나입니다.

평등주의 교육제도에서 시작되는 공정한 기회

사회구성원 모두가 안전하게 공존할 수 있는 평평한 운동장을 유지하는 것이 바로 Finns가 합의하고 지키는 핀란드식 공정입니다. 그렇다면 공존을 위한 핀란드식 공정은 어디에서 시작될까요? 수업료 없는 평등주의 노르딕 교육제도 Egalitarian Nordic Education System 는 모두에게 제공하는 공정한 기회의 시작입니다. 사립학교가 거의 존재하지 않는 핀란드에 강남 8학군 같은 개념은 없습니다. 집과 가까운 학교가 가장 좋은 학교라는 게 핀란드 학부모와 학생, 교사가 모두 공감하는 상식이죠. 무상교육은 3차 교육에 해당하는 대학 과정에도 동일하게 적용됩니다. 전문대학교인 아마띠꼬르께아꼬울루 Ammattikorkeakoulu: University of Applied Sciences, 줄여서 UAS로 표기 와 일반대학교인 율리오삐스토 Yliopisto: University 모두 학비가 전액 무상입니다.

2017년부터 비유럽연합 국가에서 온 국제 학생들에게 등록금을 받기 시작했지만, 동시에 유학생과 교환학생에게 주는 장학금도 대폭 늘렸습니다. 등록금을 면제받는 핀란드 대학생들은 매달 다양한 생활지원금도 받습니다. 기숙사 개념의 셰어하우스인 호아스 HOAS 에 매달 지불해야 하는 월세와 비슷한 금액의 주거지원비와 그와 별도로 생활비 일부도 지원받죠. 대학생은 모든 교통비가 50% 할인되고, 시내 곳곳에 있는 대학식당인 우니카페 unicafé 에 가면 3유로에 샐러드바가 포함된 풀코스 점심이 가능합니다. 오페라, 뮤지컬, 콘서트, 영화, 미술 전시를 비롯한 다양한 문화생활도 대학생이라면 반값에 즐길 수 있답니다.

헬싱키 시내 곳곳에 위치한 Unicafé는 저렴한 가격과 달리 높은 퀄리티로 매일 두 종류 이상의
메인 메뉴나 채식 메뉴 중 선택이 가능하며 수프, 빵, 비스킷, 샐러드, 과일, 우유와 주스가 있는
샐러드바를 무제한 이용할 수 있습니다. 특히 헬싱키대학 본관 2층의 Unicafé는
매년 크리스마스 시즌마다 제공하는 특별 디저트로 인기가 좋습니다.

해외 유학생이었던 저는 생활지원금 대상은 아니었지만, 헬싱키대학원에서 교육학 석사과정 2년 동안 우수장학금을 비롯한 다양한 혜택을 맘껏 누렸습니다. 교수님들이 수업에 필요한 논문과 자료들을 PDF 파일로 공유해 주면 대학도서관에서 무료로 출력하거나 전자도서관에서 언제든지 원본 대여가 가능해 고가의 원서구매 부담도 전혀 없었죠. 핀란드에선 부모의 소득수준과 무관하게 모든 학생이 의식주 걱정 없이 학업에만 집중하며 대학 생활을 누리고 즐길 수 있습니다. 비싼 등록금과 넉넉치 않은 가정형편 때문에 공부할 시간과 생계유지를 위한 알바 시간 사이 선택의 갈림길에 서야 하는 대학생 없이, 모두에게 공평한 교육의 기회가 주어지는 평평한 운동장이 Finns가 믿고 지키는 공정 가치의 첫걸음입니다.

경쟁 대신 강점 개발과 협업 장려하는 핀란드 정부

교육 강국 핀란드의 교육 시스템에선 법적으로 전문대학 학위를 종합대학 학위보다 낮다고 여기지 않습니다. 'SKY 서성한 중경외시'라는 주문 같은 표현을 들어본 적 있으시죠? 서울 상위권 대학의 앞 글자를 딴 대학서열의 나열인데, 핀란드에는 이런 대학간 서열이 없습니다. 연로하신 세대 중 극히 소수만이 여전히 헬싱키대, 알토대 출신을 선호하는 정도이죠. 전문대를 졸업해도 일반대학원 진학이 가능하지만, 전문대학원 진학을 위해선 오히려 3년간 관련 분야의 사회 경험이 필요합니다. 출신대학 순서대로 취업의 문이 열리지 않는 핀란드에선 국민 개개인의 서로 다른 재능을 있는 그대로 인정하고 존중합니다. 핀란드 교육은 불필요한 내부경쟁을 지양하고 서로의 다른 능력과 재능을 존중하는 협업을 장려합니다. 다른 사람과 경쟁하는 대신 각자의 강점에

암석 교회로 잘 알려진 헬싱키의 뗌뻴리아우끼오 교회(Temppeliaukio Church)는
다이너마이트로 화강암 바위를 폭파해 예배공간을 만들고 자연광이 들어오는 유리로 천장을 마무리한
독특한 공간입니다. 획일화된 시멘트 내벽 대신 자연 그대로의 화강암의 강점에 집중했고,
차별화된 부드럽고 환상적인 음향 연출로 종교행사 외에도 다양한 연주회 장소로 사랑받는 공간입니다.

집중해 자신의 한계를 뛰어넘기 위해 노력하고 협력하라는 거죠.

남과 경쟁하느라 시간을 낭비하기보다 각자가 잘하고 좋아하는 일에 시간과 노력을 투자해 서로의 다른 강점을 보완하는 협업문화는 핀란드 경제성장과 지속적, 창조적 발전의 원동력입니다. 대학원 졸업 후 핀코에듀컨설팅 FinKo Edu Consulting 을 창업할 때도 현지인과의 경쟁이나 핀란드가 이미 활발하게 교류중인 중국이나 일본과의 비교가 아닌, 핀란드에서 공부한 한국인으로서 제가 가진 차별화된 경쟁력으로 인정받았습니다. 핀란드와 한국의 기업과 교육 간 다리를 놓는 역할의 필요성에 공감과 지지를 받은 결과, 엘루 께스꾸스 Ely-keskus: 핀란드 경제개발센터 에 제출한 창업 아이템 평가를 통과해 1년간 창업지원금을 지원받았고요. 창업을 준비하는 동안 외국인이지만 내국인과 동일한 핀란드 정부의 지원과 혜택을 받았죠. 헬싱키 시가 운영하는 뉴코 헬싱키 NewCo Helsinki 에서 법률, 세무 무료 조언을 받고 마케팅, 기획, 세일즈 강좌도 무료로 수강할 수 있었습니다.

약자에 대한 배려에 우선순위를 두고 시작한 핀란드식 공정은 공평한 교육의 기회로 다양한 인재들이 더불어 공존하는 사회를 만들었습니다. 하지만 핀란드의 공정한 기회와 공존의 가치는 자국 인재들이 내부경쟁 대신 다양성과 협업을 통해 시너지를 내게 하는 데 그치지 않습니다. 서로의 다른 강점을 존중하고 상호 보완하는 공동작업으로 창조적 발전을 경험한 핀란드는 이제 다양한 글로벌 인재와 스타트업을 적극적으로 유치해 글로벌 혁신에 앞장서고 있답니다. 핀란드 정부는 2018년 4월부터 해외 우수인력과 스타트업 유치를 위해 스타트업 비자Finnish Startup Permit 제도를 도입했습니다. 인구가 한국의 1/10에 불과한 핀란드에서 유럽 스타트업의 1/4이 탄생하는 데는 다 그럴 만한 이유가 있는 거겠죠? 글로벌 협력과 포용적 혁신이 경쟁력인 시대에 핀란드식 공존의 가치와 중요성을 다시 생각해봐야 합니다.

1

기업 혹은 기업인들의 어떤 역할과 활동이 공정한 사회에 기여한다고 생각하나요? 공정한 혹은 공정하지 않은 사회제도나 시스템은 기업 활동에 어떻게 영향을 미치나요?

2

핀란드의 공평한 교육 기회가 기업의 혁신과 국가 경제발전에 어떻게 기여했다고 생각하나요? 약자에 대한 배려가 값싼 동정이 아닌 더불어 잘 살기 위한 지혜로운 선택인 이유는 무엇일까요?

2. 공정한 문화를 위한 기업의 몫

Justice consists not in being neutral between right and wrong,
but in finding out the right and upholding it, wherever found,
against the wrong.
정의는 옳고 그름 사이 중립이 아니라, 옳은 것을 찾아내고
그것이 발견되는 곳마다 그른 것에 맞서 옳은 것을 옹호하는 것이다.
Theodore Roosevelt

| 심리적 안전감을 위해 필요한 것 |

가정과 학교에서 시작되는 공정한 문화

핀란드 기업은 투명한 제도와 공정한 보상체계로 구성원이 심리적 안전감을 가지고 핵심 본질에 집중할 수 있게 합니다. 기업의 공정한 문화는 조직의 신뢰도를 높이고 구성원의 업무 효율성을 향상합니다. 더불어 구성원이 직접 중요한 의사결정에 참여할 수 있도록 보장하는 것도 기업의 몫이죠. 이러한 참여와 합의 과정은 구성원이 창업가정신으로 각자의 역할과 책임에 몰입하게 하는 동기부여가 됩니다. 구성원 참여가 보장되고 기준, 운영, 보상이 투명하고 공정한 것은 기업의 규모나 사업영역과 무관한 핀란드 기업 공통의 조직문화입니다. 이처럼

핀란드 기업에서 공정한 문화가 상식인 배경에는 핀란드 가정과 학교에서의 경험과 배움이 있습니다.

어린 시절부터 평평한 운동장을 경험한 핀란드 아이들은 공존을 위한 다양성 존중이 중요하다고 배우고, 부와 명예를 누리는 사람들이 기꺼이 세금과 벌금을 더 내는 모습을 지켜보며 자랍니다. 이런 핀란드 아이들이 성인이 되어 일하는 핀란드 기업에서 공정한 문화가 상식인 건 지극히 당연합니다. 공정한 문화가 상식으로 자리 잡은 핀란드에선 가정에서도, 학교에서도, 기업에서도, 사회에서도 모든 구성원이 중요합니다. 구성원 개개인이 서로 다른 역할과 전문 분야 사이 적정한 거리를 유지하며 서로를 존중하고, 각자가 더 잘할 수 있는 영역에서 조화롭게 협력하는 문화가 이미 몸에 밴 거죠.

핀란드 전 총리인 알렉산드르 스투브(Aleksandre Stubb)가 연사로 초청된 핀란드 사회복지제도 개혁포럼(SOTE Forum)에 참석한 적이 있습니다. 정부의 중요한 정책결정을 위해 수년간 열리고 있는 SOTE 포럼에선 다양한 분야의 전문가뿐 아니라 복지서비스 최종 수혜자인 일반인들도 직접 토론과 의사결정 과정에 참여합니다.

'자유가 공짜가 아닌Freedom is not free.' 것처럼, 평평한 운동장에서 주어진 공평한 기회도 공짜는 아닙니다. 핀란드 가정은 어린 자녀에게도 감당할 수 있는 작은 역할을 맡깁니다. 용돈이나 칭찬으로 동기를 부여하긴 하지만, 나이가 어려도 가족 구성원으로서 참여할 기회를 주는 의미가 더 크답니다. 청소년기엔 잔디 깎기, 식기세척기 돌리기, 세탁, 사우나실 청소와 같은 집안일을 나눠 담당하는 역할이 주어지고, 가족공동체를 구성하는 한 사람으로서 책임을 배우기 시작하죠. 가정에서 크고 작은 의사결정을 할 때, 부모님이 결정해서 자녀에게 일방적으로 통보하는 경우는 드뭅니다. 여름휴가 장소를 정할 때나 주말에 친척 집 방문 여부를 결정할 때도 어린 자녀가 대화에 참여하고 의견을 낼 기회가 주어집니다.

공동체와 개인의 역할과 책임에 대한 교육은 학교생활에서도 이어집니다. 어린 시절부터 가정과 학교에서 구성원의 책임과 역할을 배우고 경험할 기회를 제공하기 위해서죠. 구성원 모두가 개인의 의견을 자유롭게 개진할 수 있는 핀란드에선 10대 청소년들의 정당 활동이 보장됩니다. 심지어 국회의원들이 법안을 발의할 때도 정당 내 청년조직의 목소리를 적극적으로 반영합니다. 어릴 때부터 가정과 학교에서뿐만 아니라 정치적 의사결정 과정에도 참여할 기회가 주어진 Finns는 이를 당연한 권리로 인식합니다. 그래서인지 대체로 내성적인 Finns지만 대학원 토론 수업에서도 기업의 주간 회의에서도 수백 명이 모인 컨퍼런스에서도, 자신의 의견을 제안하고 이견을 표현하고 질문하는 걸 주저하지 않습니다. 의사결정 참여가 당연한 권리일 뿐 아니라 공동체 구성원으로서 마땅히 해야 할 역할과 책임이라고 여기는 거죠.

공정 문화에 필요한 경계선

핀란드 기업의 투명한 기준과 공정한 시스템은 심리적 안전감이 드는 업무환경을 제공하여 구성원들이 핵심 본질에 집중할 수 있게 합니다. 조직 내 신뢰도와 과정의 효율성을 향상하는 투명한 시스템, 공정한 보상체계와 함께 잊지 말아야 할 것이 있는데요. 기업은 결코 용인될 수 없는 구성원이 하지 말아야 할 행동과 넘지 말아야 할 경계선을 확고하고 분명하게 해야 합니다. 새로운 시도를 하다 생긴 시행착오가 아닌, 반복되는 잘못된 행동에는 묵직한 책임과 단호한 대처가 반드시 뒤따라야 합니다. 조직이 알면서도 지속해서 눈감아 주는 나쁜 문화는 조직 내에서 암묵적으로 용인되는 관행으로 굳어지게 되니까요. 자기가 맡은 책임과 역할은 소홀히 하면서도 조직성과에 편승하려는 무임승차자 free-rider 의 만행을 단호히 대처하지 않으면, 다른 구성원들의 동기부여와 팀워크에 악영향을 미치기 마련입니다.

공정한 대안: 프로토콜 경제 Protocol Economy

공정의 상징인 악수 문화

일상에서 경험하는 핀란드식 공정은 어떤 모습일까요? 핀란드의 악수 문화는 핀란드식 공정의 상징적 제스처라고 할 수 있습니다. 핀란드에선 면접에서도, 비즈니스 미팅이나 네트워킹 모임에서도, 파티에서도, 손님으로 누군가의 집에 방문해도 반드시 악수를 나눕니다. 연장자가 먼저 손을 내밀기를 기다리지도 않고 남성과 여성 사이에도 예외는 없죠. 서열의 순서도 남녀의 구별도 없이 같은 공간에 있는 모두와 동일하게 해야 하는 핀란드 악수 문화는, 개개인 모두를 공동체의 일원으로 동등하게 존중한다는 의미를 담고 있습니다. 핀란드에선 이미 500년 전부터 거래를 할 때 악수를 했고, 협정과 빅딜 이후 오랫동안 그 전통을 유지해 19세기 이후엔 일상의 인사법으로 자리 잡았습니다.

핀란드 공영방송 Yle가 핀란드 독립 100주년을 맞아 핀란드다운 것들을 소개한 특집기사인 '수오말라이넨 유뚜 Suomalainen Juttu: 핀란드다운 것들 ' 시리즈의 첫 번째 타이틀도 '까뗄루 Kättely: 악수 '였답니다. 핀란드 독립기념일인 매년 12월 6일엔 각 나라 대사 부부를 포함한 수백 명의 하객들이 대통령궁에서 열리는 축하파티에 초대됩니다. 이때도 예외 없이 호스트인 핀란드 대통령 부부가 연회장 입구에 서서 한 명 한 명과 일일이 악수를 나눕니다. 이 모습은 공영방송 Yle의 TV채널을 통해 실시간으로 생중계되는데, 삼삼오오 모여 몇 시간 동안이나 이를 지켜보는 것이 독립기념일 리추얼 ritual 인 Finns도 꽤 많습니다.

핀란드 악수 문화에서 악수를 나누는 순서는 중요하지 않지만, 반드시 모두와 예외 없이 악수를 해야 합니다. 만나면 가벼운 목례를 나누는 우리와 달리, 악수는 핀란드 비즈니스 문화의 가장 기본적인 매너인 거죠. 악수는 회의에 참여하는 모두가 서로를 공평하게 존중하겠다는 다짐을 담아 힘있게 나누어야 합니다. 회의를 호스트할 때면 참석인원이 많건 적건 참석자들이 도착할 때마다 악수를 나누며 명함을 주고받거나 간단한 통성명을 합니다. 정부기관이나 다른 기업이 주관

같은 부서에서 매주 함께 회의하고 100주년 행사에도 동행했던 동료의 부부가,
독립기념일 대통령궁 행사에 초대되어 대통령부부와 악수하는 모습을 TV로 시청한 건 색다른 경험이었습니다.

하는 회의에 초대받는 경우도 마찬가지로, 호스트를 비롯한 회의 참석자 모두와 일일이 악수를 나눈 후 자리에 앉는 것이 기본 매너입니다. Finn과 악수를 할 때 눈을 피하거나 손끝만 가볍게 걸치는 경우엔 예의 없는 태도로 오해를 받기도 한답니다.

프로토콜 경제와 닮아 있는 조직문화

핀란드 기업은 구성원 모두가 개인의 의견을 자유롭게 개진할 수 있는 조직문화와 주인의식을 가질 수 있는 업무환경을 제공합니다. 공정의 제스처인 악수로 시작한 회의에서 개인은 공동체의 의사결정 과정에 적극적으로 참여합니다. 개인의 적극적 참여는 당연한 권리인 동시에 구성원의 당연한 역할과 책임으로 인식합니다. Finns는 기업과 리더에게 투명한 정보와 기준의 공개, 합의가 기반이 된 공정한 시스템을 요구합니다. 자신이 속한 공동체가 민주적 절차를 통해 이익을 공정하게 분배하는 과정에 적극적으로 참여하며 각자의 역할을 충실히 이행하는 거죠. 이러한 핀란드 기업의 조직문화와 제도는 플랫폼 경제의 불공정 이슈에 맞서 대안으로 거론되고 있는 프로토콜 경제 Protocol Economy 모델과 상당히 닮았습니다.

프로토콜 경제 모델은 구성원 참여를 기반으로 한 민주적 절차를 통해, 개방성과 투명성을 유지하면서 이익의 공정한 분배를 추구할 수 있는 새로운 대안입니다. 프로토콜 경제 모델은 참여자들이 자발적으로 정한 규칙^{프로토콜}에 따라 경제성장의 과실을 공정하게 분배하고 공유하며 상생을 달성하는 개념입니다. 최근 세계 경제를 선도하는 플랫폼 기업들이 급성장하면서 막대한 시장 지배력을 보이고 있는데요. 이로 인한 다양한 폐해를 개선하고 중앙화와 독점화를 지양하는 것이 프로토콜 경제 모델이 추구하는 바입니다. 이를 구현하려면 개방형 네트워크와 규칙의 투명성을 증명할 수 있어야 합니다. 프로토콜 경제 모델은 기업이 구성원 참여를 기반으로 한 민주적 절차를 통해 제도와 시스템의 개방성과 투명성을 개선하고 이익의 공정한 분배를 추구할 수 있게 합니다.

거대한 제조업 중심의 중앙화 경제는 1990년 이후 플랫폼을 제공하고 수수료를 받는 플랫폼 경제로 진화했습니다. 최근 소수의 대형 플랫폼 기업들의 데이터 독점으로 인한 승자독식 문제에 대한 대안으로 제시되고 있는 것이 구성원 참여와 개방성, 투명성을 보장하는 프로토콜 경제 모델입니다.

@ KB Financial Group (labs.hashed.com)

2021년 5월 구인·구직 플랫폼인 사람인이 실시한 설문조사를 한 번 볼까요? 국내직장인 1,266명 중 89.4%가 보상체계 산정기준의 투명한 공개가 필요하다고 답했습니다. 투명한 공개가 필요한 이유에 대한 질문에 불공정한 보상이 발생할 수 있어서 54.1%, 복수선택, 공감과 납득이 필요한 부분이므로 43.2%, 체계 없이 임의로 평가하고 지급하는 것 같아서 41.8%, 기업의 경영정보 중 하나이기 때문 33% 이라고 응답했죠. 이는 MZ세대의 성과급 반란이 보상체계만의 문제가 아님을 여실히 보여주는 결과입니다. MZ세대는 과거에 작동했던 방식이라고 해서 기존의 방식과 제도를 무조건 신뢰하지 않습니다. 자신들이 의사결정에 참여하지 못하는 것을 권리의 침해로 여기는 MZ세대들은 투명한 정보와 기준의 공개, 참여와 합의가 기반이 된 공정한 시스템 구축을 요구합니다. 이러한 시대와 세대의 요구는 기업이 프로토콜 모델의 도입을 적극적으로 검토해야 하는 이유가 됩니다.

┃ 2인 3각 파트너처럼 ┃

공동 목표를 함께 이루어가는 파트너

핀란드 기업에선 경영자와 구성원이 신뢰를 기반으로 서로 존중하는 상생 파트너 관계를 유지합니다. 경영자가 갑이고 근로자가 을이라는 생각이나, 경영자와 근로자를 대립의 관계로 바라보거나 하지 않습니다. 회사에서 리더와 구성원이 각자의 역할과 전문성을 서로 존중하며 협력하듯이, 기업을 운영하는 경영자도 그 기업에서 일하는 근로자도 공동의 목표를 함께 이루어가는 파트너로 인정하고 서로 존중합니다. 2인 3각 경기의 파트너처럼 말이죠. Finns는 공통의 가치실현을 위해 뜻과 행동을 같이하는 사람들과 연대하지만, 의견이 다른 사람들과도 적극적으로 교류하고 소통합니다. 이를 잘 보여주는 것이 핀란드의 단체협의 문화입니다.

　이견을 가진 사람들 간의 교류와 소통이 서로에 대한 이해도를 높이고 합의점을 찾아가는 민주절차의 기본이라는 건 우리도 이미 잘 알고 있습니다. 핀란드의 단체협의 과정은 다름이 대립의 원인이 아닌 협력의 이유가 된다는 것을 생생하게 증명합니다. Finns의 노동조합 가입률은 60%에 이르는데, 1850년대에 처음 설립되어 1880년대부터 본격적인 활동을 시작했습니다. 특이한 것은 사업장별이 아닌 각 산업과 분야별로 노동조합이 있고, 산업별 노조가 대형 노동조합의 산하조직으로 가입하는 형태인 거죠. 높은 노동조합 가입률에 비해 강성노조가 발달하지 않은 건, 계약의 핵심인 단체근로협약Collective Labor Agreements에 의한 노동조합과 경영자단체 간의 상호신뢰를 바탕으로 서로를 존중하는 관계가 유지되고 있기 때문입니다.

핀란드 노조의 단체협약과 다양한 교섭단체

　핀란드 근로자의 90%는 노동조합 가입 여부와 상관없이 산업 부문별 단체협약의 적용을 받습니다. 핀란드에는 최저임금이나 기타 기본 노동 조건에 대한 법 규정이 없는 대신, 단체근로협약에서 근로자의 기본권리를 언급하고 보장합니다. 심지어 노동조합에 가입하지 않은 비노조원인 근로자도 단체협약이 정한 최저임금 이상의 급여와 복지를 받을 수 있도록 규정하고 있죠. 산업 부문별 단체협약이 체결되면 개별 사업장의 근로자와 경영자는 그 틀 안에서 다시 단체교섭을 진행합니다. 이때 근무 시간, 근무 형태, 휴가 기간, 성과급 등을 구체적으로 결정합니다. Finns는 대학 시절부터 이미 노동조합에 준회원으로 가입한 경우가 많습니다. 노동조합 준회원인 대학생들은 관심 있는 산업 분야의 전문가들과 미리 네트워킹도 하고, 연봉협상 관련 정보나 취업 관련 조언을 구하기도 합니다.

핀란드에서 사업장 단위 노조가 주도하는 개별파업은 불법입니다. 제도적으로 핀란드 근로자는 고용자와 대등한 교섭력을 보장받지만, 산업별노조나 중앙노동조합연맹 수준 이상의 단체에 의해서만 파업을 시작할 수 있다는 상당히 제한적인 조건이 있거든요. 노동쟁의 조정에 관한 법률 Act on Mediation in Labor Disputes 에 따르면, 정치적 쟁점에 대응하기 위한 파업과 기존 단체협약 적용 기간 만료 뒤 신규 단체협약 체결 전에 발생하는 파업만을 합법으로 인정합니다. 그래서 핀란드에선 노조가 파업으로 기업 성장의 발목을 잡는다는 식의 부정적 이미지는 찾아보기 어렵습니다.

오히려 Finns는 경제정책과 사회정책에 관한 주요 사안을 다루기 위해선 반드시 노·사·정 3자 합의 체계를 거쳐야 한다고 생각합니다.

1968년 급격한 임금 상승에 따른 인플레이션 이슈도 핀란드 근로자단체, 고용주단체, 중앙정부 3자가 참여하는 단체협약을 통해 해결했던 긍정적 경험을 노·사·정이 공유하고 있습니다. 최근 국내에도 대기업에 500명 규모의 사무연구직 노동조합이 설립되긴 했지만, 노동조합 하면 여전히 생산직 근로자들만 떠올리기 쉬운데요. 핀란드에는 학술직종노조연합^{AKAVA} 과 전문직연합^{STTK} 과 같은 대형노조뿐 아니라, 공공복지부문노동조합^{JHL}, 일반언론인조합^{YLL}, 그리고 자영업 부문의 음악가조합^{SML}, 체육인조합^{SHU}, 극장매체노동자조합^{TeMe} 처럼 모든 산업과 분야별로 노동조합이 존재합니다.

핀란드 외교부가 위치한 헬싱키 까따야노까(Katajanokka)에 있는 국가교육정책이사회
(The Finnish National Agency for Education) 건물 앞에서 한여름 극장매체노동자조합(TeMe) 여성들의
자유분방한 댄스를 인상깊게 본 적이 있습니다. 오와 열을 맞춘 칼군무 대신 같은 음악을 듣고
각자의 강점을 살린 댄스의 역동적인 조화가 참신하고 매력적이었습니다.

가장 큰 규모인 핀란드 노동조합중앙기구 ^{SAK: Suomen Ammattiliittojen} ^{Keskusjärjestö} 에는 전체인구의 1/5인 100만 명이 가입해 있습니다. 노동조

합연합The Confederations of Trade Union 과 단체근로협약을 체결하는 교섭단 체인 경영자단체연합The Confederations of Employers 은 핀란드산업협회 EK: The Confederation of Finnish Industries, 정부청 VTML: The Office for the Government as Employer, 지방자치단체 고용주위원회 The Commission for Local Authority Employers, 교회 고 용주위원회 The Commission for Church Employers 등의 단체로 구성됩니다. 핀란 드 경영자단체연합의 최대조직인 EK 산업협회는 경영자 측 핵심조직으로 서 단체근로협약 합의에 주축이 됩니다. EK에는 1만 6천 개의 회원사 와 33개의 산하 협회가 있는데, 그중 96%는 중소기업입니다. EK는 핀 란드 GDP의 70%, 전체 수출의 95%를 차지하며, EK 회원사에 고용 된 피고용인 수는 약 95만 명에 이른다고 합니다.

집단 이기주의 아닌 공동 목표를 위한 민주적 절차

핀란드에선 경영자와 근로자 모두 자발적으로 노동조합이나 경영자 단체연합, 상공회의소에 가입하는 걸 당연하게 여깁니다. 이는 10대부 터 활발하게 정당 활동에 참여하고, 가정과 학교에서도 공동체 의사결 정에 참여해온 경험들이 몸에 밴 결과죠. 우리의 현실은 어떤가요? 국 내에는 여전히 단체와 연합을 바라보는 불편한 시선이 존재하지 않나 요? 공동의 목표는 외면한 채 편협하고 배타적인 집단 이기주의적 미 숙함은 더 이상 곤란합니다. 이제는 각자가 주인의식을 가지고 공동 목표를 위한 민주적 절차에 다 같이 기여하는 활동으로의 패러다임 전환 paradigm-shift 이 필요합니다.

기업은 정당한 권리인 참여의 책임을 다하는 구성원들과 합의하고 협력하며 공동의 목표를 함께 추구해가야 합니다. 익숙하고 빠르고 쉽다고 경영진이나 리더가 일방적으로 결정하고 지시하고 나누는 구시대적 방식은 더 이상 통하지 않습니다. 기업의 파이를 키우는데 구성원들이 창업가정신으로 참여할 기회를 보장하고, 커진 파이의 이익을 구성원 기여대로 공정하게 분배하는 상식이 지켜져야 합니다. 경영자와 구성원이 공동의 목표를 함께 이루어가는 상생의 파트너로 동반성장을 추구해야 합니다.

1

투명한 정보와 기준 공개, 구성원의 참여 독려, 합의를 반영한 공정한 시스템 운영을 위해 우리 조직이 실천하고 있는 제도와 시스템은 무엇인가요? 만약 실천이 어려운 항목들이 있다면 그 원인은 무엇이고 어떻게 개선할 수 있을까요?

2

우리 조직은 경영자와 구성원의 상호이해와 존중을 위해 얼마나 자주, 어떻게 소통의 기회를 제공하고 있나요?

3. 공정한 문화를 위한
각자의 몫

■ Fairness is man's ability to rise above his prejudices.
■ 공정함은 편견을 뛰어넘는 인간의 능력이다.
   Wes Fessler

| **Kaikkien Oikeus** 모든 사람의 권리 **와 모두의 책임** |

누구나 자유롭게 자연을 즐길 권리

까이끼엔 오이께우스 Kaikkien Oikeus: 모든 사람의 권리 는 Finns가 사랑하고 자랑스럽게 여기는 핀란드다운 것 중 하나입니다. 모든 사람의 권리는 어떤 권리를 말하는 걸까요? 자연권으로도 알려진 이 권리는 국토의 75%가 숲인 핀란드에서 누구나 어떤 숲이든지 자유롭게 들어가서 즐길 수 있고, 18만개가 넘는 호수와 바다에서는 누구든지 낚시와 수영을 즐길 권리가 있음을 의미합니다. 사유지도 예외는 아니죠. 여름에는 숲에서 베리와 버섯을 마음껏 채집하고, 겨울에는 크로스컨트리 스키 cross-country ski 를 즐깁니다. 특별히 무언가를 하지 않아도 자연속에서 바람에 흔들리는 나뭇잎 소리와 지저귀는 새소리와 맑은 공기 그 자체를 즐기는 Finns는, 야생 그대로의 자연에서 나무와 동물과 숲과 호수와 하나가 되는 듯한 평온함과 안정감을 선호합니다.

헬싱키 헤르네사리 해변(Hernesaaren Ranta)의 한 표지판 뒷면에 누군가가 써 놓은 'We are grains of sand.'(우리는 모래알)이라는 인상적인 문구에는, 자연과 사회 안에서 조화와 공존을 추구하는 Finns가 그들 자신을 바라보는 세계관이 담긴 듯합니다.

사회적 약자 배려는 모두의 책임

자연과 사회 안에서 누구나 공평한 권리를 누리는 핀란드에선 자연과 사회를 지키는 책임도 모두에게 공평하게 있음을 당연하게 여깁니다. Finns는 사회적 약자와 소수자에 대한 배려를 학교에서 배우고 기업과 사회 곳곳 일상에서 실천하고 있습니다. 모든 사람이 공평하게 대우받을 권리를 항상 우선순위에 두는 핀란드에선, 다수를 위한 소수의 희생이 당연하지도 않고 그런 희생을 절대 강요하지도 않죠. 핀란드에선 서로를 배려하며 고마움과 기쁨과 보람을 느끼는 사회적 관계의 가치가, 규범이나 벌금보다 더 효율적인 사회적 동기로 작용하며 사람들의 행동에 영향을 미칩니다.

핀란드 직장생활에서 소수를 배려하고 모두를 공평하게 대우하려는 노력은 일상의 작은 부분에서부터 드러납니다. 전 세계 1위의 커피 소비국답게 핀란드 대부분의 세미나와 회의에는 커피와 함께 간단한 핑거푸드가 제공되는데, 참석인원이 10명 미만이건 100명 이상이건 언제나 유당을 제거한 lactose-free 메뉴, 글루텐 없는 gluten-free 메뉴, 채식주의 vegan 메뉴를 별도로 준비합니다. 유제품 속 유당이나 밀가루 속 글루텐을 소화 못 하는 사람, 고기류를 안 먹는 채식주의자가 소수여도 기꺼이 배려하는 모습이 인상적이었죠.

주간 회의가 열리는 헬싱키 상공회의소 대회의실은 기업가 대표들로 구성된 이사회 장소가 되기도 하고,
기업 탐방(company visit)에 초대받은 대학원생들의 세미나 장소가 되기도 합니다.
참가신청서엔 언제나 참석자의 음식규정(dietary)을 묻는 질문이 포함되고
미팅의 종류나 참석인원과 상관없이 기재한 채식, 락토스 프리, 글루텐 프리 메뉴가 반드시 준비됩니다.

핀란드에선 일반 시민의식 속에서도 법과 제도로도 사회적 약자와 소수자에 대한 배려가 우선입니다. 핀란드 어디에서도 휠체어를 탄 장애인이나 유모차를 밀고 대중교통을 이용하는 부모를 자주 볼 수 있습니다. 유모차를 탄 아이와 부모 모두 무료로 대중교통을 이용하고, 미술전시관이나 오페라하우스는 유모차와 휠체어 이동이 불편하지 않도록 특별한 배려와 안내를 제공하죠. 게다가 핀란드에선 소유주보다 세입자의 권리에 우선순위가 있습니다. 4년 동안 울란린나^{Ullanlinna}의 한 아파트에 살면서 단 한 번 월세가 인상된 적이 있는데, 인상 폭도 연간 물가인상률을 넘지 못한다는 규정에 따라 적정수준으로 인상되었습니다.

핀란드 학교와 교사도 학습이 부진하거나 도움이 필요한 학생들에게 더 많은 시간과 관심과 배려와 지원을 할애합니다. 헬싱키에 있는 핀란드 학교를 방문해 학생들의 일과를 참관한 적이 있는데, 수업을 잘 따라오지 못하는 학생은 담임선생님과 상담교사, 학부모가 머리를 맞대어 지원방안을 함께 고민하며 특별관리를 합니다. 다문화가정 출신으로 핀란드어가 모국어가 아닌 학생에겐 특수교사가 배정되고, 학습부진의 유형에 따라 학생의 전반적 삶의 맥락을 고려해 구조적이고 체계적 지원을 제공하는 모습이 인상적이었습니다.

소수를 배려하는 성숙한 공동체

사회적 약자와 소수자를 대하는 자세에서 드러나는 Finns의 성숙함은 핀란드의 사회적 자본과 건강한 공동체 의식의 핵심입니다. 첫째가 잘돼야 집안이 잘된다며 잘하고 빨리 가는 소수 엘리트집단에 모든 혜택과 지원을 몰아주고, 잘못해도 눈감아주고 봐주는 우리와는 결이 많이 다르지 않나요? 불공정한 특혜와 특권이 소수의 기득권에 편중되는 사회 양극화와 불평등 심화는 장기적으로 사회불안과 막대한 의료 및 복지비용 지출을 초래하게 됩니다. 이렇게 세계 곳곳이 점점 더 심화되는 빈부격차로 몸살을 앓고 있는 동안에도, Finns는 가난한 시민들을 보듬어줄 수 있는 든든한 사회안전망을 구축하는 데 쓰라며 기꺼이 지갑을 열어 누진과세를 내고 있습니다. 서로를 배려하는 성숙한 공동체 의식은 누구나 공평한 권리를 누리듯 모두가 공평하게 사회적 책임을 다하며 더불어 살아가는 지혜입니다.

| 내일도 모레도 계속되어야 한다: ESG |

가치 소비와 윤리 소비를 실천하는 Finns

언론에 보도된 핀란드 전직 대통령이 재활용 수집함에서 쓸 만한 물건을 찾는 사진을 보신 적 있을 거예요. 논란이 된 사진의 주인공은 2012년 퇴임 당시에도 국민지지도가 80%에 달했던 핀란드 최초의 여성 대통령 따르야 할로넨 Tarja Halonen 입니다. 할로넨의 소탈한 모습을 오해한 외신기자의 실수로, 마치 전직 대통령이 가난에 허덕이는 것처럼 잘못 보도된 해프닝이었죠. 체면을 중시하는 우리 문화에선 상상하기 어려운 일이겠지만, 핀란드 국민들의 반응은 달랐습니다. 절약과 소탈함에서 한 걸음 더 나아가, 환경을 생각하는 전직 대통령의 의식적 소비실천을 행동하는 리더의 당연한 모습으로 여겼습니다. 할로넨 전 대통령은 퇴임한 지 10년이 지난 지금도 핀란드 국민 캐릭터인 무민 마마 Moomin Mama 로 불리며, 여전히 국민들의 인정과 존중을 받고 있습니다.

핀란드 여성 행사에 참석했다가 우연히 마주친 따르야 할로넨(Tarja Halonen, 사진 왼쪽 짧은 금발)의
모습은 전직 대통령이라는 사실을 잊게 할 만큼 친근하고 소박했습니다.
핀란드에선 강아지와 산책 중인 현직 대통령 사울리 니니스뙤(Sauli Niinistö)와 마주치거나
ATM기기 앞에 줄을 서서 기다리는 재무장관을 보는 일도 그저 평범한 일상입니다.

Finns의 중고사랑은 합리적 소비를 넘어 환경을 생각하는 가치 소비의 실천입니다. 평소 환경보호와 자원 재활용에 높은 관심을 보이는 Finns가 일상생활에서 환경을 지키고 개선하는 데 동참하는 중고거래 문화는 곳곳에서 쉽게 찾을 수 있습니다. 내가 쓰지 않는 물건을 필

요한 누군가가 다시 사용할 수 있도록 재활용 recycling 을 생활화하고, 이러한 재활용품을 이용하여 기존의 제품보다 품질이나 가치가 더 높은 새 제품을 만드는 업사이클링 upcycling 에도 적극적입니다. 핀란드 골목마다 자리 잡은 비영리 중고 체인점인 UFF나 Fida, 온라인 중고마켓, 주말마다 열리는 벼룩시장과 1년에 두 번 헬싱키시 주도로 열리는 씨부스빠이바 Sivouspaiva: 집안 대청소로 찾은 안 쓰는 물건을 판매하는 날 를 통해 거래되는 물품은 가구부터 유리식기류, 가전제품, 스포츠용품 및 패션의류와 생활용품에 이르기까지 다양합니다.

Finns는 지속가능한 라이프 스타일을 고민하며, 환경오염 문제에 적극적으로 대응하는 환경친화적 선택을 자랑스럽게 여깁니다. 헬싱키의 패피들 fashion people 과 젊은 층들은 ZARA나 H&M 같은 패스트 패션기업 SPA: Specialty store retailer of Private label Apparel brand 의 최신 유행 트렌드를 좇는 대신, 중고쇼핑으로 의류 쓰레기 배출량을 줄이는 데 기여합니다. 내 선택이 사회변화에 기여하고 자연환경을 지키는 데 동참한다는 자긍심과 내 실천으로 세상이 바뀔 수 있다는 자신감을 Finns답게 표현하고 있는 거죠. Finns는 공정거래와 윤리적 소비를 통해 생태학적으로도 사회적으로도 지속가능한 미래를 함께 만들어가는 과정에 참여하고 있습니다. 자연과 사회 안에서 누구나 공평한 권리를 누리는 Finns는, 환경을 아끼고 보존하는 것 또한 개인의 취향과 선택의 문제가 아닌 모두의 당연한 책임과 역할로 여깁니다.

플라스틱 쓰레기로부터 세상을 구하는 Sulapac

샤넬 CHANEL 과 스카이오션벤처스 Sky Ocean Ventures 로부터 투자를 받은 술라팍 Sulapac 은 '플라스틱 쓰레기로부터 세상을 구하자.' Together we can save the world from plastic waste. 는 슬로건과 함께 플라스틱을 대신할 친환경 제품을 생산합니다. 핀란드 스타트업을 대표하는 여성 CEO 중 한 명인 창업자 수비 하이미 Suvi Haimi 가 이끄는 Sulapac의 제품들은 특허받은 바이오 기반의 재료혁신으로 까다로운 기술요구 사항을 충족할 뿐 아니라, 아름답고 기능적이며 지속가능한 재료를 활용한 플라스틱의 친환경 대안으로 인정받고 있죠. 2018년부터 유럽에서 가장 인기 있는 100대 스타트업 리스트에 이름을 올리고 있는 Sulapac은, 2021년 『파이낸셜 타임스』 지원으로 Sifted가 선정한 주목해야 할 북유럽 스타트업 중 하나로 유명합니다.

대표적인 제품 중 하나인 지속가능형 빨대 sustainable straw 는 종이 빨대와 달리 무너지지 않는 바이오 기반 소재를 사용해, 눅눅해지지 않고 최대 24시간 사용할 수 있습니다. 하지만 창업자인 Suvi의 표현을 빌자면 '영원히 지속되지 않는 파티'처럼, Sulapac의 빨대는 자연 성분으로 다시 순환해 영구적으로 미세플라스틱을 남기지 않고 생분해되는 '자연을 닮은 빨대'인 거죠. 또 다른 Sulapac의 제품은 2021년 9월 CHANEL과 콜라보로 진행한 LES EAUX DE CHANEL 화장품 포장 용기입니다. Sulapac의 첨단 기술은 건조한 파우더류의 화장품뿐 아니라 유성, 수성 화장품 성분에도 특허 받은 고유한 솔루션을 적용해, 기능과 아름다움의 손상 없이 자연 친화적으로 화장품을 담을 수 있는 제품들을 생산하고 있습니다. 기존에 플라스틱 용기를 생산하던 기계를 활용할 수 있도록 개발된 Sulapac의 솔루션은 새로운 기계에 별도로 투자할 필요도 없는 효율적인 친환경 솔루션입니다.

생존을 위한 핵심전략이 된 ESG 경영

기업이 사회적 목적을 수행하고 기후변화에 적극적으로 대응하는 ESG 경영은, 이제 성장을 넘어 글로벌 투자사들이 투자철회를 결정할 만큼 기업의 생존에까지 직접적 영향을 미치는 기업의 핵심전략으로 자리 잡고 있습니다. ESG는 잘 알고 있는 것처럼 2006년 책임투자원칙 PRI: Principles for Responsible Investment 선언 이후 본격적으로 논의되기 시작했고, 투자자나 금융기관이 투자의사를 결정할 때 환경 Environmental 과 사회 Social 와 기업 지배구조 Corporate Governance 문제를 고려하는 것을 의미하죠. 글로벌 경제에선 ESG가 이미 기업경영의 새로운 표준이 되었고, 금융투자의 패러다임을 전환할 정도로 ESG 경영이라는 테마의 위력은 대단합니다. ESG노믹스라는 표현이 등장했고, 전문가들은 세계 경제 산업과 금융의 미래가 ESG 경영에 달렸다고도 합니다.

국내기업에 투자한 글로벌 금융회사들도 ESG경영을 투자 결정 과정에 보다 적극적으로 반영하고 있습니다. 지난해 국내에서도 화제가 됐던 세계적 자산운용사 블랙록 BlackRock 의 CEO 로렌스 핑크 Laurance Fink 회장이 투자대상 기업들에 보낸 연례 서한 기억나시죠? 로렌스 핑크 회장은 탄소 중립을 위한 구체적 계획을 제출하라는 요청과 함께, 계획대로 실행하지 않은 기업에는 투자철회를 공표했습니다. 비슷한 시기에 국내 금융권과 대기업 지주사들은 앞다투어 ESG 전문인력을 보강하는 인재

유치 전쟁을 시작했고, 국내 10대 그룹에선 이사회에 ESG 위원회를 설치하거나 별도의 전담조직을 꾸리기 시작했습니다. 2050 탄소 중립을 선언한 대한민국 기업들도 친환경 위장전략이나 형식적 ESG 마케팅 같은 그린워싱 greenwashing 이 아닌, ESG 경영과 수익 창출이 양립할 수 있는 경영방식으로의 전환을 더는 미룰 수 없게 된 거죠.

기업의 생존을 위한 핵심전략이 된 ESG경영은 기업의 지속가능한 성장뿐 아니라 구성원 개개인의 성장과도 연결됩니다. 잘 알려진 심리학자 에이브러햄 매슬로 Abraham Maslow 의 욕구계층 Maslow's Hierarchy of Needs 이론에서 가장 높은 수준의 욕구가 자기완성을 바라는 자아실현 Self-Actualization Needs 이 아니라는 건 우리도 이미 알고 있죠. 자아실현 욕구의 다음 단계에는 나 자신만을 위한 삶이 아니라, 타인을 배려하고 더 나은 세상을 만드는 데 기여하고자 하는 자아초월 욕구 Transcendence Needs 가 있으니까요. 그래서 구성원들은 자기실현을 위해 즐기면서 일하는 동시에, 세상을 바꿀 비전을 추구하는 기업에서 일하기를 선호합니다. 더 나은 세상을 만드는 데 동참한다는 대의명분과 자부심은 기업의 지속적 성장에 기여하는 동시에 구성원 개인도 세계 시민 cosmopolitan 으로 성장하게 합니다.

기업은 ESG 경영을 통해 구성원 개개인의 자아 초월과 조직의 지속 성장을 함께 이루어 갈 수 있습니다. 구성원 각자가 일을 통해 스스로 만들어내는 결과물에 자부심을 느끼고 그 결과물을 내기까지의 과정을 즐기는 재미도 중요합니다. 동시에 새로운 세계의 구조와 원칙을 만들어가는 기업의 일원으로서 급변하는 시대의 새로운 물결에 올라타 변화를 함께 만들어가는 의미도 포기할 수는 없죠. ESG 경영을 추구하는 기업에서 구성원들은 재미와 의미 두 가지를 함께 추구할 수 있습니다. 그래서 금융투자의 패러다임을 전환한 ESG 경영은 미래의 인재들이 기업을 선택하는 새로운 기준이 되고 있습니다.

얏까사리 섬(Jätkäsaari)에서 바라본 헬싱키 풍경은 조화와 공존의 가치를 잘 보여줍니다.
오래된 건물 내부를 최신 인테리어로 개조하면서도 고풍스러운 100년 전 외관은 그대로 유지하죠.
새로 지어진 고층빌딩은 조화로운 헬싱키 도시풍경을 해지지 않을 만큼의 외곽에 위치해야 합니다.

1

기업과 사회의 구성원으로서 자연과 사회를 지키기 위해 내가 실천하고 있거나 실천할 수 있는 책임과 역할에는 어떤 것들이 있나요? 우리 조직이 함께 실천하고 있거나 실천할 수 있는 것들은 무엇인가요?

2

사회적 관계의 가치가 행동 변화에 미치는 영향은 벌금과 규범에 의한 행동 변화와 어떻게 다르고 왜 중요할까요? 사회적 약자에 대한 배려가 나와 우리 기업에 어떤 의미이고, 어떤 관련이 있을까요?

3

우리 조직에서 실천하고 있거나 도입을 고려하고 있는 ESG 경영에는 어떤 것들이 있고, 구성원의 성장에 어떤 영향을 기대하나요?

4. 경쟁의 시대에 상호보완의 가치를 실현한 핀란드 조직문화
Competitive into Complementary

■ Treating others with fairness and dignity is the "rain" that helps them
■ to grow and be fruitful.
▪ 다른 사람들을 공정하고 품위 있게 대하는 것은
그들이 성장하고 결실을 맺도록 돕는 "비"가 된다.
Anonymous

핀란드에서 경험한 공정의 가치를 떠올리면 생각나는 그림이 있는데, 휴고 심베리 Hugo Simberg 가 그린 '상처 입은 천사 The Wounded Angel '라는 커다란 벽화입니다. 한 줌의 스노우드롭 snowdrop 을 손에 든 채 눈을 가린 천사를 옮기고 있는 두 소년을 그린 이 벽화는 2006년 핀란드 국립 갤러리인 아테네움 미술관 Ateneum Art Museum 이 주최한 투표에서 핀란드를 대표하는 그림으로 선정되기도 했죠. 그림 속 천사의 길을 인도하는 소년들은 매우 진지한 표정으로 땅을 살피며 장애물을 피해 조심스럽게 발걸음을 옮기는 것처럼 보입니다. 다소 심각하고 우울한 분위기의 이 작품은 핀란드가 오랜 전쟁의 역사를 통해 겪은 고통과 슬픔을 상징하는 동시에, 오랜 병에서 회복 중이던 화가 휴고가 느낀 치유의 감정을 담고 있습니다. 상처 입은 천사의 손에 들린 스노우드롭은 희망과 위안의 메시지를 상징적으로 표현하고 있고요.

'상처 입은 천사(The Wounded Angel)'는 핀란드 국민화가 휴고 심베르(Hugo Simberg)가
한 교회의 벽에 그린 대형 벽화인데, 2006년 아테네움 미술관이 주최한 투표에서 핀란드를 대표하는 그림으로
선정될 만큼 핀란드 국민들의 정서를 대변하는 작품입니다. © Finnish National Gallery

　　강한 이웃 국가들에 둘러싸여 오랜 고통과 슬픔의 역사를 지닌 핀
란드의 지정학적 위치는 한반도와 자못 닮아 보입니다. 핀란드는 바이
킹 시대 이후 600년 동안 스웨덴 왕국의 통치를 받고 18세기 이후 신
흥강국 옛 소련^{러시아}의 지배를 받은 아픈 과거가 있습니다. 1917년 러
시아 치하에서 독립한 이후에도 핀란드는 1차 세계대전으로 민족적,
정치적, 사회적 혼란의 내전 시기를 겪었죠. 오랜 시간 주변 강대국에
치이고 내전의 아픔을 겪은 점은 비슷하지만, 내전 후 폐허가 된 황무
지에서 다시 시작한 핀란드와 우리의 선택은 사뭇 달랐습니다. 일제강
점기와 6.25 전쟁 이후 북한보다도 가나와 필리핀보다도 가난했던 한

국은, 한강의 기적을 이루고 IMF 외환 위기를 극복하며 반세기 만에 민주주의와 자본주의를 모두 이룬 유일한 국가가 됐습니다. 우리가 빠른 경제성장을 위해 소수 엘리트에게 특권과 혜택 몰아주기를 선택하는 동안, 핀란드는 느리고 고통스러워도 꾸준한 화해와 타협과정을 선택했고, 사회적 약자를 먼저 배려하는 공존을 선택했습니다.

핀란드의 어제와 오늘, 그리고 내일이 담긴 'The Wounded Angel'은 오랜 전쟁의 역사를 통해 겪은 고통과 슬픔을 표현하는 동시에, 천사의 손에 들린 스노우드롭으로 회복과 치유, 희망과 위안의 메시지를 전합니다. 일반적으로 천사는 사람들에게 도움을 주는 이미지로 인식되지만, 휴고의 대표작 속 상처 입은 천사는 연약한 소년들의 도움에 의지해야만 하는 존재입니다. 우리는 누구도 -심지어 천사조차도- 완전할 수 없기에 사회적 합의와 규정과 지원이 필요합니다. 동시에 우리는 비록 작고 미약해 보이는 개인일지라도 힘을 모아 맞들면 누군가에게 도움이 될 수도 있죠. 이것이 Finns가 개인과 공동체, 그리고 그 공동체에 속한 각자의 역할을 바라보는 시선이란 생각이 듭니다.

오래전부터 기꺼이 약자에 우선순위를 두고 서로를 배려하는 사회적 성숙함이 몸에 밴 Finns는, 지속적인 합의를 바탕으로 공정의 인프라 구축 경험을 공유한 신뢰 공동체입니다. 누구도 완전할 수 없음을 인정하고 그렇기 때문에 필요한 사회적 합의와 규정을 존중하는

Finns는, 오늘의 내가 상처 입은 천사를 돕는 소년의 자리여도, 내일의 내가 소년들의 도움을 받는 천사의 자리여도 괜찮습니다. 강자와 약자, 갑과 을, 경영자와 근로자가 서로 대립하고 견제하고 경쟁하는 competitive 대신 존중과 상호보완complementary을 선택한 핀란드에선, 기업과 사회의 공정한 문화는 기본 인프라이고 심리적 안전감은 구성원 모두의 당연한 권리이니까요. 핀란드 기업과 사회는 다양한 전문가들이 공동작업을 통해 시너지를 내고 혁신하며 더 나은 세상을 향해 더불어 나아갑니다. 치열한 글로벌 경쟁의 시대에도 핀란드는 경쟁 대신 상호보완competitive into complementary의 가치로 혁신을 위한 경쟁우위 competitive edge를 선점하고 있습니다.

Competitive into Complementary

#다름은팩트 #포용은기술 #Beyond-boundaries
#나다움의공존 #Finland Phenomenon

PART IV

인정하는 문화

다양성의 공존을 인정하는 문화
있는 그대로 인정하는 문화
다른 관점을 익히고 인정하는 문화
다양한 개인이 공존하는 다이내믹한 핀란드 조직문화
- Diverse into Dynamic

1. 다양성의 공존을 인정하는 문화

- ■ Inclusive leaders not only listen; they hold that space to create meaning.
- ■ 포용적 리더는 듣는 데 그치지 않고, 그 의견이 의미를 창조할 공간도 확보한다.
- **Anonymous**

| 의식적으로 익숙하지 않은 것을 선택하는 이유 |

새로운 의미 창조를 위한 포용

'다르다'의 사전적 정의는 비교하는 두 대상이 서로 같지 않다는 뜻입니다. 하지만 '다르다'는 옳고 그름을 의미하는 '틀리다'가 아니고, 어느 한 쪽이 우월하거나 열등하다는 의미는 더더욱 아닙니다. 익숙하지 않은 다름을 마주하게 되면 불편하거나 때론 불쾌한 기분이 들 수도 있지만, 다양성은 서로의 다름을 있는 그대로 인정하는 데서 시작됩니다. 한편 포용은 이러한 다름을 대하는 우리의 자세입니다. 포용은 다름을 억지로 참는 tolerate 게 아니라 두 팔을 벌려 embrace 새로운 의미가 창조될 공간을 확보해 주는 배려의 자세인 거죠. 다양성은 어디에나 존재하는 팩트이지만, 다양성을 대하는 우리의 자세인 포용은 매일 의식적으로 하는 선택이고, '용기와 공감과 연습이 필요한 기술^{a skill} ^{that requires courage, empathy and practice}'입니다.

핀란드 최연소 미혼 총리

2019년 12월 국내를 비롯한 세계 언론의 주목을 받았던 핀란드 신임 총리의 취임 기사를 본 적 있으실 거예요. 1985년생인 미혼의 최연소 여성 총리 산나 마린^{Sanna Marin}이 남자 친구와의 사이에서 낳은 딸과 함께 헬싱키 관저에 입성했다는 뉴스는, 여전히 유교적이고 다분히 보수적인 국내 정치인들과 대비되어 더 놀랍고도 신기했는지 모릅니다. 그러나 Finns는 마린 총리가 아직 젊은 여자이고 결혼 전 아이가 있다는 사실 모두 다양성의 하나로 인정하고 포용했고, 그녀가 리더로서 갖춘 자질과 능력만을 선택의 기준으로 고려했습니다. 알고 보면 핀란드는 이미 1906년 유럽 최초로 여성에게 참정권을 부여했고, 1907년에는 세계 최초로 19명의 여성이 의회에 진출한 나라입니다. 지금도 사회민주당과 연정을 구성한 네 개 정당 대표 모두가 여성이고, 그 중 세 명이 30대 초반입니다. 장관 19명 중 재무부 장관, 법무부 장관, 내무부 장관, 교육부 장관을 비롯한 12명이 여성이고, 2003년 첫 여성 총리가 선출된 이후 이번이 벌써 세 번째랍니다.

마린 총리는 만 20세에 사회민주당에 가입했고, 26세에 시의회 의원과 28세에 시의회 의장을 거쳐 29세엔 여당 의원, 33세엔 교통부 장관을 역임했습니다. 마린 총리는 시의회 의장 시절부터 TV 토론에서 어려운 질문을 피하지 않고 원칙적 대답을 고수하며 정책과 이슈에 집중하는 모습으로 대중의 신뢰를 쌓았다는 평가를 받고 있죠. 코로나19 사태에도 신속하고 단호한 대처로 핀란드 국민 85%의 지지를 받으며 Finns의 기대에 부합하고 있습니다. 전 세계 언론이 마린 총리의 나이와 성별에 관심을 보이는 것과 달리, 총리 자신은 그런 국제적 관심을 그다지 중요하게 생각하지 않는다고 합니다. 계속된 기자들의 질문 공세에도 마린 총리는 '중요한 건 우리는 변화를 약속했고 이제는 행동할 때'라는 우문현답을 남겼을 뿐이죠.

핀란드 국회 의사당(The Parliament House of Finland)은 핀란드 민주주의의 상징입니다. 고풍스러운 고딕 외관과 웅장한 기둥의 국회 의사당은 만네르헤이민 대로(Mannerheimintie) 맞은편 현대적 랜드마크인 중앙도서관, 현대미술관, 뮤직센터, 언론사와 조화를 이루며 시민광장(Kansalaistori)을 품고 있습니다.

적극적·포괄적 해석이 필요한 다양성과 포용

최근 국내 100대 기업도 여성 임원 비율 늘리기에 분주한 모습입니다. 자본시장법 개정에 따라 2022년 8월부터 시행될 여성 이사 의무화 제도의 도입으로, 자산총액 2조 원 이상의 상장사는 최소 1명 이상의 여성 등기임원을 반드시 선임해야 하기 때문이죠. 블랙록 BlackRock 과 뱅가드 Vangard 같은 글로벌 투자기관들이 기업의 ESG 경영과 관련해 다양성 항목을 관심 있게 지켜보는 것도, 여성임원 등용에 긍정적 영향을 미치고 있습니다. 그래서인지 국내 기업들도 최근 다양성과 포용 D&I: Diversity & Inclusion 을 아우르는 조직문화에 관심이 높아지고 있습니다. 하지만 다양성과 포용이 글로벌 기업을 중심으로 확산된 탓인지 인종, 성별, LGBT성소수자 만을 대상으로 한 소극적 해석에 머무는 경향이 있는데요. 조직문화에서 다양성과 포용은 성별과 인종보다 더 포괄적이고 적극적인 해석을 적용해야 합니다. 세대 간의 다른 관점과 교육, 경험, 전문 분야의 차이로 인한 다양한 의견이 존재함을 서로 인정하고 존중해야 합니다.

우리는 자신도 모르는 사이 이미 무의식적으로 편향되어 unconsciously biased 있을지도 모릅니다. 그렇더라도 의식적으로 포용하는 consciously inclusive 자세를 배우고 키워가야 합니다. 구성원 각자가 다양한 '나다움 being myself '을 활용하며 성장할 수 있는 공간이 제공되고 존중되면, 모든 경계를 넘어선 beyond boundaries 파괴적 혁신 disruptive innovation 기회를 발견하기도 하죠. 그 첫걸음은 내가 편안함과 안도감을 느끼는 익숙한 영역 comfort zone 의 경계를 넘어 한 걸음 발을 내딛는 데서 시작합니다.

익숙하지 않은 다름이 처음엔 불편할 수도 있지만, 참는 걸 넘어서서 서로의 다름을 포용하는 의식적 선택은 새로운 창조의 공간을 여는 열쇠가 되기도 합니다. 다름은 옳고 그름이나 우월과 열등을 의미하지 않고, 다양성은 부인할 수 없는 팩트입니다. 용기 내서 의식적으로 공감하고 포용하는 선택을 연습하는 과정을 통해 우리는 포용을 학습하고 발전시킬 수 있습니다.

| 경계를 넘어도 해치지 않아 |

넘어야 할 선과 넘지 말아야 할 선

순수한 우리말로 '함께 살아감'을 뜻하는 '공존'의 사전적 의미는 '서로 도와 함께 존재하는 것, 또는 두 가지 이상의 사물이나 현상이 함께 있는 것'을 일컫는데요. Finns는 공존을 위한 명확한 규칙으로 각자 다른 '삶의 언어'와 '문화의 문법' 사이 넘지 말아야 할 선 boundary 과 넘어야 할 선을 분명히 이해하고 지키고 있습니다. 그렇다면 어떤 선을 넘어야 하고 어떤 선을 넘지 말아야 할까요? Finns는 사생활 침해, 폭력, 범죄와 같이 공동체가 합의한 원칙을 결코 넘지 말아야 할 선으로 여기는 반면, 각자의 학문적 배경, 제한적 경험, 전문성의 한계, 생각의 틀과 좁은 시야는 과감하게 넘어야 할 선으로 인식합니다. 앞서 언급한 마린 총리의 사례에서 본 것처럼, 여자라서 아직 젊어서 결혼 전 아이가 있어서 한 나라의 행정부 수장이 될 수 없다는 편협함과 구시대적 사고방식은, Finns의 관점에선 당연히 넘어야 할 선이었던 거죠.

교육 강국 핀란드의 헬싱키대학 본관에 위치한 그랜드 홀(Grand Hall)은 대학의 다양한 주요행사가 열리는 장소입니다. 자율과 혁신을 사랑하는 핀란드지만 전통과 조화로운 균형을 유지하며 전통과 혁신이 공존하고, 실용적 가치를 추구하는 핀란드지만 학문의 중요성을 존중해 실용과 학문이 공존하며 상생합니다.

상공회의소에서 제가 기획·운영한 고학력 해외인재 사회통합 프로젝트는 다양한 경계를 넘어선 공존을 선택하고 실험하기에 적합했습니다. 전 세계 45개국에서 온 고학력 해외 인재들의 핀란드 정착과 사회 통합을 지원하는 프로젝트에는 다양한 분야의 현지인 전문가들도 함께했거든요. 핀란드 대표기업인 꼬네 KONE, 바르찔라 Wärtsilä, 노키아 NOKIA, 오빼 OP bank가 기업파트너로 참여하고, 중소기업, 스타트업을 대표하는 기업인들뿐 아니라 헬싱키대학, 알토대학의 교수와 교직원들, 그리고 헬싱키시 City of Helsinki, 에스뽀시 City of Espoo, 반따시 City of Vantaa 와 핀란드 교육부, 경제고용부, 교통부와 같은 정부 부처에서 근무하는 각 분야의 전문가들도 참가했습니다. 3년 동안 총 네 번의 6개월 정규 프로그램과 두 건의 파일럿 프로그램을 진행하는 동안, 매번 첫 오리

엔테이션에서 가장 강조했던 기본원칙은 '서로의 다름이 옳고 그름이나 우열의 관계가 아니라는 아주 당연한 사실을 기억하고 인정하자'는 합의와 다짐이었습니다.

참가자 모두는 인종, 나이, 성별뿐 아니라 서로 다른 경험, 교육 배경, 전문영역에서 비롯된 모든 한계를 '넘어야 할 경계 beyond boundaries'로 인정했고, 용기 내서 의식적으로 공감하고 서로의 다름을 포용하는 선택을 반복했습니다. 핀란드가 주관하는 프로젝트였지만 현지 방식이 무조건 옳고 다른 나라 방식이 틀리다고 우기지도 않았고, EU 지원금으로 진행되는 프로젝트라고 해서 유럽 방식이 다른 지역 방식보다 우수한 것처럼 왜곡하지도 않았죠. 참가한 대기업과 중소기업, 스타트업 출신 기업인들은 각기 다른 규모와 분야별로 지닌 서로의 강점을 인정하고 존중했고, 기업과 대학과 정부 부처는 서로의 다른 역할을 존중하면서 협력방안을 모색했습니다. 나이와 경력이 많다고 모든 걸 다 아는 게 아니란 것도 수긍했고, 디지털 네이티브 digital native 에게 배워야 할 부분이 있다는 것도 분명히 인정하며 서로를 존중했습니다.

서로의 다름을 통해 배우고 보완하며 성장하는
집합적 배움 Collective Learning Trajectory

3년 동안 256명의 현지인과 외국인, 전문가와 유학생이 공존하며 서로 다른 삶과 문화의 넘지 말아야 할 선은 분명히 지켰고, 참가자들의 다양한 배경이 시너지를 내야 할 땐 각자의 익숙함이 한계가 되는 모든 선을 과감하게 넘었습니다. 어느 한 쪽이 일방적으로 가르치거나 주기만 하는 기여자 donor 와 수혜자 beneficiary 관계 대신 서로의 다름을 통해 배우고 보완하며 함께 성장하는 상호 이익 mutual benefit 을 추구한 결과, 기업과 학교, 정부의 현지 전문가들도 높은 만족도를 보이며 지속적이고 자발적으로 참여하는 프로그램으로 자리 잡았습니다. 프로그램을 마치고 실시한 익명의 설문조사에 참가자들은 '무엇을 기대하든지 그 이상을 경험할 것', '내 인생의 터닝포인트가 되어준 프로그램'과 같은 피드백을 남겼답니다. 프로그램을 마치며 전달한 수료증 Certificate 은 참가자들이 자격증처럼 링크드인 LinkedIn 에 올릴 만큼, 프로그램 참여에 강한 자긍심을 보였습니다.

The ABCD of Diversity

프로젝트에서 소개한 '다양성의 ABCD The ABCD of Diversity '는 각자가 자신의 익숙함을 넘어 한 걸음 내딛는 담대한 audacity to step out of the comfort zone 첫 걸음에서 시작됩니다. 참가자들은 개인의 학문적 배경, 직업적 전문성, 인종, 성별, 나이의 경계를 넘어 going beyond the familiar 낯선 영역의 전문가들과 네트워크를 쌓고 지식을 넓히며 expanding professional network and knowledge , 서로에게 배우고 보완하는 과정을 통해 함께 성장할 수 있었습니다 learning from each other, complementing one another and growing together . 6개월간의 프로그램은 참가자들이 서로 다른 지식을 공유할 플랫폼 Knowledge Sharing

Platform 을 제공하며, 집합적 배움의 궤도 Collective Learning Trajectory 를 체험하고 다양성을 최대한 활용할 making the most of diversity 기회를 제공했습니다.

사람은 자신의 경험을 바탕으로 세상을 바라본다고 하죠. 광범위한 경험과 폭넓은 시각으로 다양성의 이점 benefits of diversity 을 깊이 경험한 256명의 참가자들은, 속도를 늦추고 각도를 넓히며 새로운 관점을 통해 혁신과 창조의 기회를 찾게 되었다고 말했습니다. 현지인들에게 없는 자신만의 강점을 경쟁우위 competitive edge 로 어필해 취업에 성공하고, 틈새시장 niche market 을 공략할 비즈니스 아이템을 찾아 창업에 성공했다는 소식이 들려올 때마다 무척 뿌듯하고 기뻤던 기억이 납니다.

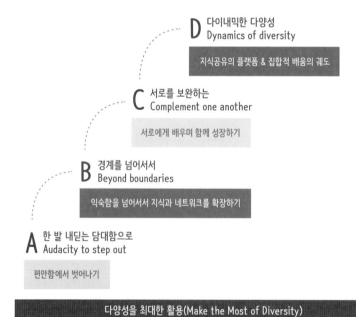

다양성의 ABCD (The ABCD of Diversity)

창조적 발상을 위한 다름과 낯섦

학교에서 주어진 네 다섯가지 보기 중에서 가장 적당한 답만 고르는 객관식 시험이나 OX 퀴즈에 익숙해진 우리는, 어느 하나만 옳고 다른 건 틀리다는 흑백논리에 갇히거나 우월한 것이 있으면 그 외의 다른 것들을 낮게 평가하는 오류를 범하기 쉽죠. 하지만 혁신이 중요한 조직에서 필요한 건 정답이 아닌 해답을 찾아가는 과정이고, 좋은 해답을 제시하는 것보다 더 중요한 건 눈에 보이지 않는 진짜 문제를 찾는 능력입니다. 진짜 문제를 찾는 발상의 전환은 당연한 것을 당연하게 여기지 않을 때 시작됩니다. 비슷한 성향, 비슷한 교육 배경, 비슷한 부류끼리 어울리는 편안함을 당연하게 여기지 않아야 합니다. 낯설고 새롭고 다른 취향과 배경과 전문성을 가진 다양한 사람들과 의도적으로 교류하며, 각자의 독창성과 상상력을 존중하며 다르게 생각하는 용기를 배워갈 때 창조적 발상이 가능해집니다.

| 다름의 시너지, 팀워크와 협업 |

빠른 변화의 속도, 불안정한 시장과 복잡한 이해관계 속에서 기업이 직면하는 문제가 갈수록 복잡해지고 있다는 사실엔 모두 공감하시죠? 그래서 복잡한 문제를 해결할 수 있는 혁신적이고 독특한 해결방안의 가치가 점점 더 커지고 있습니다. 오늘날 기업이 해결해야 할 문제들은 우리가 학교에서 배웠던 획일화된 한가지 정답만 존재하는 시험문제와는 다르죠. 기업의 복잡한 문제를 혁신적으로 해결하려면 팀워크와 협업이 중요한데, 이러한 공동작업이 동일한 질문에도 다양한 솔루션을 가능하게 하기 때문입니다. 다양한 분야 전문가들의 상호작용은 새로운 방식으로 문제에 접근해, 솔루션의 영역을 넓히고 혁신적인 해결책을 발견할 가능성을 높입니다.

우리가 잘 알고 있는 것처럼 팀워크와 협업은 비슷하지만 조금 다릅니다. 팀 team 은 기업을 구성하는 가장 작은 조직단위 unit 이며, 팀워크 teamwork 는 각 팀의 구성원이 공통의 목표달성을 위해 각자의 역할에 따라 책임을 다하고 협력하는 것을 말합니다. 한편 협업 collaboration 은 둘 이상이 공통의 목표달성을 위해 역할을 분담하고, 아이디어와 통찰력을 공유하며 조직적으로 협력하는 것을 의미하죠. 팀워크가 조직 내부의 협력이라면, 협업은 같은 회사 내 여러 팀의 협력이나 회사 외부에 있는 파트너와의 협력도 포함하는 더 포괄적인 공동작업이라고 할 수 있습니다.

팀워크와 협업은 어떻게 기업의 새로운 가능성을 확장할까요? 구성원 개개인의 다름은 팀워크와 협업을 통해 상호보완 되면서 상승효과를 일으킵니다. 다양한 분야 전문가들이 역할을 분담하고 아이디어와 통찰력을 공유하며 조직적으로 상호작용하는 공동작업은, 새로운 접근으로 솔루션 영역을 확대하고 복잡한 문제를 해결할 혁신적이고 독특한 방안의 발견으로 이어집니다. 서로 다른 분야의 전문가들이 다

에스뿌시(Cify of Espoo) 까라말리(Maramali)의 노키아 캠퍼스(Nokia Campus)에는 HQ와 체험센터, 클라우드 디자인센터를 비롯한 10여개의 노키아 건물들이 모여 있습니다. Nokia Campus에서는 스타트업, 대학, 정부뿐 아니라 유럽 다른 나라들과도 유연하고 긴밀한 협업과 다양한 공동작업이 진행 중입니다.

양한 관점으로 문제를 들여다보면, 미처 발견하지 못했던 위험요소를 발견하거나 미리 대책을 세워 사전에 예방할 수도 있습니다. 혼자가 아 닌 여럿이 머리를 맞대는 다양성이 지닌 역동력을 활용하면, 기업은 새로운 시도와 다양한 관점으로 복잡한 문제를 해결하게 되고 진짜 문제를 찾게 됩니다.

그래서 기업의 창조와 혁신을 위해 다른 관점과 다른 생각은 선택이 아니라 필수입니다. 보다 넓은 시야를 가지려면 기업과 구성원 모두 틀 에 박힌 익숙함을 벗어나 서로의 다름을 인정하고 존중하는 다양성과 포용이 반드시 필요합니다. 기업은 인재채용 단계에서부터 다양성을 고려하고 반영해야 하고, 다양한 인재채용을 통해 다름이 공존하는 업무환경을 만들어야 합니다. 구성원들이 자신만의 고유한 강점을 유지할 수 있고, 그러면서도 각자의 다름이 서로에게 자극이 되어 개개인의 잠재력이 시너지 효과를 낼 수 있는 건강한 조직문화를 제공하는 것도 기업의 몫이니까요.

1

다양한 구성원의 공존을 위해 우리 조직에서 공동체가 합의하고 지키고 있는 '넘지 말아야 할 경계선'은 무엇인가요? 구성원들이 다양한 학문적 배경, 경험, 전문영역, 성별, 세대의 경계를 넘을 수 있도록 우리 조직이 시도한 것은 무엇이고, 그 결과 발견한 긍정적 혹은 부정적 경험이 있다면 그 원인은 무엇이라고 생각하나요?

2

낯선 영역의 전문가들과 교류하며 지식영역을 넓히기 위해 내가 실천하고 있는 것들은 무엇이며, 그 과정을 통해 어떻게 집합적 배움을 체험했나요? 각기 다른 전문영역의 구성원들이 지식을 공유하며 서로에게 배우고 보완하며 함께 성장할 수 있도록 우리 조직이 운영하는 제도나 시스템은 무엇인가요?

3

우리 조직의 협업문화는 어떤 모습인가요? 다양한 이해관계자의 서로 다름이 시너지를 낸 가장 최근의 경험은 무엇이고, 개인과 조직에 어떤 긍정적 영향이 있었나요?

2. 있는 그대로 인정하는 문화

■ When we speak of normal, we speak to our own biases;
■ because we can't possibly define normal for others.
우리가 말하는 '정상'은 자신의 편견을 말하는 것이다.
왜냐하면 다른 사람들의 '정상'을 우리가 대신 정의할 수 없으니까...

| Melting Pot 보단 Salad Bowl이 좋아 |

다양성의 시너지는 동질화가 아닌 '다양한 다름의 공존'을 전제로 합니다. 구성원 개인의 관점과 전문성을 고려하지 않고 무조건 팀과 조직에 맞추기를 강요해서는 시너지를 낼 수 없습니다. 생각해보면 핀란드어가 모국어인 핀란드인들로 100년을 이어온 헬싱키 상공회의소가 영어로만 의사소통이 가능한 외국인 저에게 프로젝트를 맡긴 것도, 익숙한 동질성에 다름의 공존을 용감하게 더한 모험 같은 선택 아니었을까요? 언어도 인종도 심지어 문화도 달랐지만, 제가 Finns처럼 말하고 생각하고 행동해야 한다는 무언의 압력조차 느껴본 적 없습니다. 오히려 유학생이자 외국인으로서 창업 경험이 있는 제 관점과 생각이 자신들과 다르다는 걸 있는 그대로 인정하고 존중했습니다.

익숙하지 않은 외국인과 매일 마주하며 같은 공간에서 일한다는 게, 핀란드 동료들 입장에서 보면 처음엔 많이 어색하고 불편했을지도 모릅니다. 하지만 다름의 공존을 존중하고 매일 의식적으로 공감과 포용을 실천한 그들의 용기는 의미 있는 결과를 만들어냈습니다. 유럽과 북미에서 천여 명의 다양성 전문가가 헤이그 The Hague 에 모인 2017년 국제 메트로폴리스 컨퍼런스에서, 생김새부터 완전 다른 동양인이 핀란드를 대표했다는 것이 오히려 Finns의 다양성과 포용의 진정성을 높이 평가하고 주목하는 계기가 되었거든요. 구성원 모두가 공동체 합의를 준수하고 제때 맞추어 각자의 역할을 해낼 때, 서로 다른 다양한 전문성이 조화와 균형을 이루어 괄목할 만한 성과로 이어질 수 있다는 것을 보여준 사례라고 생각합니다.

헬싱키 알렉산떼리 거리(Aleksanterinkatu)의 클래식 버스킹(Classical Busking)에서
첼로, 바이올린,비올라의 서로 다른 음색이 화음을 만든 아름다운 연주는
도시의 백색소음과도 멋지게 조화를 이루어 색다른 감동을 선사했습니다.

국제 메트로폴리스 컨퍼런스에서 만난 각국의 다양성 전문가들과 교류하는 내내, 동질화 추구의 위험성과 다양한 다름의 공존이 중요함을 깊이 공감했습니다. 용광로와 샐러드볼 비유 익숙하시죠? 동질화를 추구하는 대표적인 나라인 미국은 다양한 문화를 가진 이민자들이 섞여 하나의 문화를 만들어가는 인종의 용광로 melting pot 로 묘사되곤 합니다. 미국이 추구하는 미국 사회로의 동화 Americanization 는 마치 알록달록한 물감이 한 통 안에 뒤섞여 고유의 색을 잃고 흑빛으로 변해가는 과정 같아 안타깝기도 합니다. 반면, 핀란드나 캐나다는 샐러드볼 salad bowl 과 같이 사회 구성원 개개인의 서로 다른 문화적 다양성을 있는 그대로 존중합니다. 다름의 공존을 추구하는 핀란드식 다양성은 오케스트라 연주를 연상하게 합니다. 오케스트라에 참여하는 모든 악기는 제각기 다른 소리를 내지만, 서로 다른 음색의 악기들이 조화를 이루고 서로의 사운드를 보완하며 화음을 만들어 아름다운 연주를 완성해 가는 거죠.

기업 내 팀워크와 협업도 마찬가지로, 구성원 개개인의 관점과 전문성을 무시하고 '팀과 조직에 무조건 맞추라'는 식의 획일화를 고집하면 곤란합니다. 오케스트라에서도 기업의 협업에서도 중요한 건, 각자가 맡은 파트에서 약속한 박자에 맞춰 정확한 소리를 내기로 한 공동체의 합의를 지키며 제 몫의 역할을 해내야 한다는 겁니다. 오케스트라의 목적이 단순히 연주를 마치는 완곡만이 아닌 것처럼, 조직 내 팀워크와 협업도 기한에 맞춰 프로젝트를 끝내는 것만이 목적은 아닙니다. 팀구성원 각자와 협업에 참여하는 모두가 자신의 전문성을 최대한 발휘하고 제때 맞추어 각자의 몫을 해내며 더불어 하모니 harmony 를 만들어 갈 때, 고객과 세상을 감동하게 하는 기업이 될 수 있지 않을까요?

| 인형말 타고 말타기 대회를? |

창작과 자유를 즐기는 Finns

Finns는 대화를 통해 서로 다른 관심사를 나누며 서로를 이해하는 폭을 넓히고, 각자의 독특하고 '남다름'을 인정하며 다양한 '나다움'의 공존으로 시너지를 창출합니다. 호기심 많은 Finns는 희귀한 대회와 독특하고 새로운 취미를 즐깁니다. 상공회의소 동료인 변호사가 알려준 핀란드 10대 사이에서 유행하는 새로운 취미도 그중 하나입니다. 그녀가 보여준 기이한 사진 속 10대들은 말머리 모양으로 만든 인형에 막대를 끼우고 또래들과 모여 말을 타는 포즈를 하고 있었는데요. 눈을 의심케 한 건, 그 인형말을 타고 마장마술을 뽐내는 대회 Finnish Hobbyhorse Championships 가 열리면 매년 1만 명의 관중이 10대 여자아이들 200명의 인형 말 마장마술 경기를 관람한다는 기사 내용이었죠.

말을 직접 소유하지 않아도 비싼 승마학교에 등록하지 않아도, 누구나 집에서 손수 만든 인형말을 타고 친구들과 함께 숲속을 달리는 핀란드 10대들의 이 독특한 취미생활을 Finns 어른들은 비웃지 않고 존중합니다. 오히려 추운 겨울에도 움츠러들지 않고 친구들과 교류하며 창작의 자유와 상상력을 즐기는 아이들을 응원하고 격려하고 지지합니다. 공식 사이트 www.thehobbyhorse.fi 에는 한국어를 비롯한 12개국 언어로 이 흥미로운 취미를 소개할 뿐만 아니라, 참가신청서, 마장마술 평가서, 증명서와 인증서까지 갖추고 있답니다. 인구 5백 만의 작은 나라 핀란드에는 인형말 마장마술 대회 외에도 에어기타 Air guitar 대회, 휴대전화 던지기 대회, 아내 업고 달리기 대회처럼 이름만 들어도 입을 다물기 어려운 희귀한 대회들이 꽤 많습니다.

취미로 하는 경마 라이더는 재미있지만 높은 점프력과 균형감을 요구해 보기보다 쉽지 않고 오랜 연습을 필요로 합니다. ⓒ The Hobby Horse

'남다름'이 '나다움'으로

희귀한 대회를 즐기고 새로운 취미를 만드는 호기심 많은 Finns는 외국인을 만나면 어떤 질문을 할까요? Finns가 외국인에게 가장 빈번하게 하는 질문^{FQA}은 '어느 나라에서 왔는지', '무얼 공부하는지', 그리고 '왜 핀란드에 왔는지'입니다. 나이, 직업, 결혼 유무, 사는 동네, 아파트 평수, 타는 자동차를 궁금해하는 대신, Finns는 서로 다른 지적, 심리적, 정신적 가치관과 문화적 관심사를 더 궁금해합니다. Finns는 보이는 것만으로 판단하지 않고 각자의 다른 성향과 가치관을 대화로 나누면서 서로를 이해하는 폭이 넓어지는 과정을 즐기는 거죠.

울란린나^{Ullanlinna}로 가는 10번 트램에 간혹 티켓검사를 하는 공무원이 탈 때가 있습니다. 빨간 염색 머리, 코와 입술엔 피어싱을 하고 양 팔뚝엔 문신이 가득한 그녀의 외모가 조금 독특하긴 해도, 그녀의 독특함은 핀란드에서 공무를 수행하는 역할에 아무런 문제가 되지 않죠. 핀란드 직장생활엔 회사원다운 옷차림, 30대에 걸맞은 헤어스타일처럼 사회와 또래로부터 받던 동질화를 향한 무언의 압력^{social pressure & peer pressure} 같은 건 전혀 없습니다. 제가 있는 모습 그대로의 '나'일 수 있고 '나'여도 괜찮은, 그래서 더 '나'다울 수 있고 그런 남다른 '나다움'이 가치가 될 수 있었던 건, Finns가 추구하는 다름이 공존하는 다양성과 포용 덕분이라고 생각합니다. 핀란드 기업에선 개개인의 독특하고 특별한 '남다름'이 흠이 아닌 '나다움'으로 인정받고 다양한

'나다움'이 공존하며 시너지를 만들어 내고 있습니다.

기업이 탁월한 인재를 유치하고 attract 영입하는 건 시작일 뿐입니다. 애써 영입한 탁월한 인재들이 상사나 동료의 견제대상이 되지 않고, 눈치 보지 않으며 각자의 탁월함을 제대로 드러낼 수 있는 환경과 시스템을 제공해야 시간과 노력을 투자해 영입 recruit 한 인재를 유지 retention 할 수 있죠. 실리콘밸리의 구글처럼, 기업은 구성원 개개인이 천재일 수 있고 천재여도 되는 환경과 시스템을 제공해야 합니다. 다른 불필요한 데 신경 쓰지 않고 업무에 집중할 수 있는 비즈니스 인프라가 토대가 되면, 구성원은 동기부여와 몰입을 통해 기업 성과를 극대화하고 조직 발전에 더 기여할 수 있게 됩니다.

| STOP competing START complementing each other |

상호 보완과 학습 기회가 되는 협업

다양성과 포용은 기업의 창조와 혁신을 위해서도 반드시 필요합니다. 다양성의 공존은 협업의 토양이 되고, 투명한 정보공유와 의사소통은 다자간 협력을 혁신적 성과로 발전시키는 성장촉진제가 됩니다. 협업을 통해 다양한 관점과 강점이 상호 보완되고 상호학습의 기회가 되려면 우리에게 무엇이 필요할까요? 협업에 참여하는 구성원 모두가 자기 몫의 책임을 다하고 Responsible , 서로의 시간과 필요에 민첩하게 대응하며 Responsive , 신뢰할 수 있는 Reliable 동료가 되는 3R의 자세를 갖추어야 합니다. 구성원뿐만 아니라 기업도 익숙한 인재채용 틀에서 벗어나 다른 관점과 생각을 지닌 다양한 인재 채용을 통해 새로운 가능성을 확장해 나가야 합니다.

경쟁은 멈추고 협력은 적극적으로

서로의 다름이 자극이 되어 구성원 각자의 잠재력을 최고로 끌어내는 상승효과를 기대하려면, 먼저 구성원 개개인의 '나다움'을 있는 그대로 인정하고 존중하며 '남다름'이 공존하는 조직문화가 선행되어야 합니다. 상대방이나 다른 팀을 경쟁 competing 대상이 아닌 서로 보완하는 complementing 협력적 파트너로 인정하고 존중하는 문화가 바탕이 되어야 하는 거죠. 한 몸을 이루는 모든 신체 기관의 기능과 역할이 각각 다른 것처럼, 팀을 구성하는 각자의 역할과 강점도 서로 다르고 기업을 구성하는 각 팀의 역할과 강점도 서로 다릅니다. 서로를 인정하고 존중하는 팀워크와 협업을 통해 서로의 다른 기능과 역할이 균형과 조화를 이루어야 조직의 성과와 효율성 향상에 기여할 수 있습니다.

만약 협력대상인 팀 동료나 다른 팀을 경쟁 대상으로 착각하기 시작하면 문제가 심각해집니다. 내 업무영역, 우리 팀 책임 범위로 편을 가르는 개인주의와 팀 이기주의에 갇힌 편협한 시야는 조직 전체의 목적을 제대로 인식하는 데 방해가 되니까요. 서로 담을 쌓고 각자의 이익에만 몰두하는 이기주의가 만든 사일로 silo 로 정보의 원활한 소통을 저해하는 장벽이 있는지, 조직 내 불필요한 내부경쟁을 유발하는 제도나 시스템이 있는지 잘 살펴봐야 합니다.

다양한 이해관계자들의 협력과 발 빠른 문제해결

핀란드에서 공동체의 사회문제를 해결할 때는 다양한 이해관계자들의 참여와 협력이 기본입니다. 치열한 협의를 통해 내려진 결론은 국회의원들도 존중하고, 정치권 입김이나 이해집단 압력으로도 좀처럼 바뀌지 않습니다. 2020년 4월 핀란드가 18,000개의 코로나19 검체를 한국으로 보내 검사를 진행했다는 사실 알고 계신가요? 핀란드 상공회의소가 주도했던 이 프로젝트에는 대규모 의료기관인 메힐라이넨 Mehiläinen 뿐 아니라, 핀란드 각 분야의 대표기업인 핀에어 Finnair, 꼬네 KONE, 바르찔라 Wärtsilä, 파제르 Fazer, 발멧 Valmet, 멧짜그룹 Metsä Group, 오빼 OP, 께스꼬 Kesko 등이 적극적으로 협력했습니다. 코로나19 팬데믹으로 긴박했던 시기에 다양한 이해관계자들이 빠른 합의를 통해 발 빠르게 문제를 해결할 수 있었던 건, 평소 핀란드가 공동체의 사회문제를 해결할 때 정부와 각계 전문가 및 이해관계자들이 참여해 함께 정책을 결정하고 집행하고 평가해왔기 때문입니다.

2020년 4월 코로나19 초기, 핀란드 내 진단키트 부족으로 의심 검체를 한국으로 보낼 때에도
외교부나 타 정부부서가 크게 관여하지 않았습니다. 핀란드를 대표하는 다양한 분야의 기업들이 자발적으로
참여하고 협력했는데, 핀란드 최대 협동조합은행인 OP 금융그룹(OP Financial Group)도 그중 하나입니다.

민관 산학 협력의 현장과 쾌거

핀란드에선 총리가 새로 취임하면 국회의 미래위원회에 국가 미래비
전을 제시해야 하고, 총리가 제시한 비전을 기초로 각 정부 부처가 구
체적인 로드맵과 액션플랜을 만듭니다. 인구가 많지 않은 핀란드는 미
래의 인력 부족을 대비하고 우수한 해외인재를 적극 유치하는 것을 중
요한 범정부 어젠다 agenda 로 인식합니다. 제가 상공회의소에서 근무할
때도 총리가 제시한 글로벌 인재유치 비전을 토대로 경제고용부가 주
관하는 Talent Boost 프로젝트를 실행할 협의체가 구성되었고, 교육부
를 비롯한 정부의 관련부처, 시청, 대학, 기업과 상공회의소가 각자 구
체적 로드맵과 액션플랜을 만들고 공유했습니다.

상공회의소는 기업회원들이 참여할 수 있는 멘토링 프로그램과 다문화 우수기업 선발을 주관하고, 기업회원들의 해외 인재채용에 필요한 정보를 제공하고 절차상담을 지원했습니다. 알토대학의 공과대학과 디자인대학 캠퍼스가 위치한 에스뽀시 City of Espoo 는 해외 유학생들의 참여를 촉진하는 프로그램을 담당했죠. 교육부와 경제고용부는 합동전략으로 스타트업 비자 도입을 추진해 해외유학생들이 졸업 후에도 핀란드에 남아서 창업할 수 있는 기회를 제공하기 위해 협력했습니다. 해외 인재와 이들을 채용할 기업의 편의를 위해 각 관공서마다 흩어져 있던 서비스를 한데 모아 제공하는 one-stop-shop-service 인터내셔널 하우스 헬싱키 IHH: International House Helsinki 는 상공회의소, 노동조합SAK, 고용지원부 TE-palvelut 를 비롯한 관련 기관 모두가 힘을 모아 이룬 쾌거였습니다. 프로젝트를 진행하던 3년 동안 각 분야 이해관계자들은 헬싱키시 회의실에서 정기적 협의 미팅을 통해 진행 상황을 공유하고 의견을 교환하며 협력방안을 모색했습니다.

이러한 다자간 협력의 바탕에는 서로의 다른 전문성을 인정하고 존중하는 다양성과 포용의 문화가 있습니다. 서로의 다른 잠재력이 각자의 독특한 경쟁력과 강점이 되고 다양성과 포용을 통해 창조와 혁신을 이끌어낸 핀란드 민관·산학협력의 현장에, 직접 참여하고 경험하며 배울 수 있었던 감사한 기회였습니다.

다양성의 공존과 투명한 소통으로 변화를 추구한 프로젝트에서 참가자들은 서로의 다름이 배움과 협력의
기회가 된다는 것을 경험했습니다. 일대일 페어(pair) 미팅, 소규모 테마(thematic) 미팅과 더불어
다양한 전문가인 참가자들이 한 자리에 모이는 전체(collective) 미팅이 서로 보완하는
'3차원적 집합적 배움의 과정(3-Dimensional Collective Learning Trajectory)'이었죠.

3R: Responsible, Responsive, Reliable

다양성의 공존이 협업의 토양이라면, 투명한 정보공유와 의사소통은 다자간 협력이 혁신적 성과로 발전하는 성장촉진제가 됩니다. 진행 과정이 투명하게 공유되면 제 몫을 하지 않고 다른 팀원들에게 짐이 되는 구성원이나, 기여 없이 결과의 덕만 보려는 무임승차자 free-rider 가 존재하기 어려워집니다. 진행 과정을 개방적으로 공유하면 참여자 모두가 각자 맡은 부분만이 아닌 전체 큰 그림을 보는 거시적 안목을 공유할 수 있게 되죠. 이를 통해 각자가 맡은 역할이 협업공동체의 결과에 어떻게 기여할 수 있는지 고민하고 작업 진도를 서로 조율할 수도 있습니다. 뿐만 아니라 내 전문 분야 외의 다른 새로운 분야에 대한 정보와 지식을 쌓을 수 있는 피어러닝 peer-learning 의 기회도 됩니다.

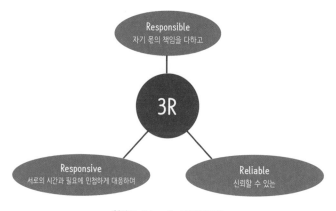

협업(Collaboration)을 위한 3R

 서로의 다름은 협력의 이유가 되고 배움의 기회가 됩니다. 공동작업에 참여하는 다른 구성원과의 상호학습 mutual learning 기회는 서로 다른 업무와 전문영역을 더 잘 이해하고 더 조화롭게 협력할 수 있게 하죠. 다양한 강점과 관점을 지닌 구성원 각자가 자기 몫의 책임을 다하고 Responsible 서로의 시간과 필요에 민첩하게 대응하는 Responsive 긍정적 경험이 일상에 누적되면, 서로를 신뢰할 수 있는 Reliable 건강한 팀워크와 협업이 조직문화로 자리 잡게 됩니다. 개인의 경험과 시야와 전문영역을 넓히고 기업의 성장과 발전에 기여하는 다양성의 역할과 중요성, 우리도 다시 생각해봐야 하지 않을까요? 기업은 다양한 인재 채용으로 조직에 새로운 관점과 생각을 더하고 새로운 시도와 혁신을 위한 가능성을 확장해야 합니다. 다양성의 공존과 다자간 협력을 위한 기업의 체질 개선으로 투명한 정보공유와 의사소통이 가능한 조직문화와 업무환경 구축이 필요합니다.

1

각자의 '나다움'이 있는 그대로 인정받고 공존하는 조직문화가 왜 중요할까요?

2

우리 조직에서 협업을 통해 서로의 다른 업무와 전문영역이 보완되고 서로를 통한 배움이 일어났던 사례는 무엇이고, 힘들었던 점과 좋았던 점은 무엇인가요? 우리 조직에 남아있는 내부경쟁의 문화가 있다면 무엇이 원인이고 어떻게 개선할 수 있을까요?

3. 다른 관점을 익히고
인정하는 문화

■ We need to give each other the space to grow, to be ourselves,
■ to exercise our diversity. We need to give each other space so that
　 we may both give and receive such beautiful things as ideas,
　 openness, dignity, joy, healing, and inclusion.
　 우리는 서로에게 자신답게 다양성을 활용하며 성장할 수 있는 공간을 제공해야
　 한다. 아이디어, 개방성, 존엄성, 기쁨, 치유 및 포용과 같은 아름다운 것들을
　 주고받을 수 있는 공간을 서로에게 제공할 필요가 있다.
Max De Pree

| 전국민의 공통 취미생활 |

문장 독해력 세계1위인 이유

　다양한 취미를 존중하는 Finns에게도 모든 세대를 아우르는 공통된 취미생활이 있는데, 바로 책 읽기입니다. 통계자료에 의하면 Finns는 초중고생뿐 아니라 대학생, 직장인까지 국민의 77%가 매일 1시간씩 책 읽기를 즐긴다고 합니다. 독서율은 만 15세 이상 국민 중 1년에 1권 이상의 책을 읽은 사람의 비율을 말하는데, 핀란드의 독서율은 83.4%입니다. 우리는 어떨까요? 2015년 OECD 기준으로 한국의 15세 이상 독서율은 8.4%이고, 2017년 문화체육관광부의 국민도서 실태조사 결과로는 만 19세 이상 성인 10명 중 4명이 1년간 책을 한 권도 읽

지 않는다고 합니다.

무민 가족의 주인공 무민트롤(Moomintroll)과 그 여자친구인 스노크메이든(Snorkmaiden)은
핀란드 대표작가인 또베 얀손(Tove Jansson)이 북유럽 설화에 등장하는 트롤(troll)을 원형으로 탄생시킨
핀란드 국민 캐릭터입니다. 무민이 등장하는 소설과 동화는 핀란드 모든 서점과 도서관에서 쉽게 찾아볼 수
있을 만큼, 책 읽기를 좋아하는 Finns가 남녀노소 구분 없이 가장 사랑하는 책 시리즈 중 하나입니다.

그런데 책 읽기가 전 국민이 함께하는 취미생활인 Finns가 1인당 보
유한 장서 수는 의외로 적습니다. 핀란드 동료나 친구 집에 초대받았을
때도 응접실이나 아이들 방에 당연히 있을 법한 벽면 가득한 책장을
본 기억은 거의 없습니다. 개인이 보유한 책은 많지 않은데 전세계에서
가장 책을 많이 읽는다는 게 어떻게 가능할까요? 세계 1위 독서율을
자랑하는 핀란드에선 전 국민의 80%가 정기적으로 도서관을 이용하
기 때문이죠. Finns는 한 해에 1인당 평균 11차례 도서관을 이용하고
21권의 책을 대출한다고 합니다. 인구 550만의 핀란드에서 매년 6천8
백만여 권의 서적이 대여되고 읽히는 걸 보면, Finns가 세계 문장 독해

력 1위라는 사실이 당연하게 여겨집니다.

내 집처럼 머물고 싶은 도서관

2012년 까이사니에미 Kaisaniemi 에 개관한 헬싱키대학의 중앙도서관
까이사딸로 Kaisatalo 는 핀란드에서 가장 큰 규모의 대학 도서관입니다.
지금은 헬싱키대학 캠퍼스의 중심이 된 이 도서관은 원로원 광장을
중심으로 곳곳에 위치한 다섯 개의 학부 건물마다 있던 도서관을 한
자리에 모았습니다. 교육학, 사회과학, 법학, 신학, 예술 분야의 방대한
장서를 보유한 헬싱키대 중앙도서관은 대학생, 석박사과정 연구원뿐
아니라 헬싱키 시민들에게도 열린 도시의 공공 공간 urban public space 을
제공합니다.

현대적 친환경 건축법과 높은 에너지효율로 디자인된 헬싱키대학 중앙도서관은 2012년 올해의 유리 건물로
선정된 바 있습니다. 층별로 다른 테마의 응접실(living room)을 컨셉으로 한 인테리어는 소음을 탁월하게
차단하고 학생들과 시민들이 편안하게 일하고 공부할 수 있는 머물고 싶은 환경을 제공합니다.

핀란드를 방문하는 지인들에게 모교 중앙도서관을 늘 강력하게 추천하는 건, 자연 채광과 유선형 보이드 void 가 인상적인 아름다운 건축 공간 때문만은 아닙니다. 대학생, 학자, 시민 모두가 내 집 거실처럼 편하게 오래 머물고 싶은 공간으로 만들려는 노력이 완성한 도서관에 직접 방문해서, 책과 도서관을 대하는 Finns의 자세를 몸소 체험해 보길 바라는 마음이 더 솔직한 추천 이유이죠. 국내의 낮은 독서율과 최근 불거진 문해력 저하 이슈를 단순히 개인의 선택이나 교육의 문제로만 여겨선 곤란합니다. 핀란드의 책 읽는 문화가 어떻게 핀란드의 다양성과 포용, 그리고 다이내믹한 경제와 사회에 기여하고 있는지, 그 이야기를 조금 더 해보려고 합니다.

┃ 다양성을 경험하는 지름길 ┃

독서 생활화를 위한 정부 지원

우리는 왜 책을 읽지 않는 걸까요? 국내에선 대학 입시 조기 경쟁으로 초등학생과 중학생의 독서에 대한 관심이 급격히 낮아지고 있고, 청년들의 취업 부담과 업무 부담도 낮은 독서율의 원인으로 지적받고 있습니다. 연구 결과에 따르면 책을 읽지 않는 사람들이 대부분 독서의 필요성을 느끼지 못하는 경우가 많다고 하죠. 그런데 핀란드에서는 독서의 필요성을 느끼지 못해 책을 읽지 않는 것을 개인의 선택이라고 생각하지 않고, 사회적 지원을 통해 해결해야 할 심각한 문제로 인식합니다.

핀란드는 정부와 공공도서관이 협력해서 국민들의 독서 생활화를 지원하고 제도화하고, 청소년들이 도서관을 활용한 수업 준비 과정에서 독서를 통해 생각하는 힘을 기르고 생각을 표현하는 토론능력도 기르도록 돕고 있습니다. 핀란드 교육문화부 Ministry of Education and Culture 는 교육과 문화가 통합된 국가평의회로, 학교와 공공도서관 협력을 통해 학생뿐 아니라 전 국민의 독서 생활화를 체계적으로 지원합니다. 간접 경험을 통해 새로운 관점을 익히고 시야를 넓히는 기회가 되는 책 읽기는 다양한 정보와 데이터를 찾아내고 연결하고 활용하는 능력, 건전한 비판적 사고력, 다양성과 창의력의 기초가 되기 때문이죠.

학교와 가정에서 생활화된 독서

핀란드에는 300개 이상의 공공도서관, 500여 개의 도서관 분원, 150여 개의 이동식 도서관이 있습니다. 핀란드 독립 100주년을 맞아 2018년 개관한 헬싱키 중앙도서관 오디 Oodi 는 세계 최고의 공공도서관으로 선정되기도 했고요. 핀란드 학교, 도서관, 지방단체는 긴밀한 네트워크로 연결되어 어릴 때부터 책 읽기와 친해질 수 있는 환경을 제공하기 위해 서로 협력합니다. 학교의 전 교과목은 교과서 대신 책을 교재로 수업하는데 이를 통해 자연스럽게 독서하는 습관을 기르고 있죠. 학교 수업에 필요한 책과 자료들을 순환 대출하는 시스템도 완벽하게 갖추고 있어서, 도서관을 활용해 수업을 준비하는 습관을 자연스럽게 익히게 합니다. 청소년들은 교사와 함께 공공도서관을 방문해서 책을 찾고 빌리는 과정을 배우고, 교사들은 청소년들이 책을 읽고 난 후 토론 수업을 통해 자기 생각을 표현하도록 지도합니다.

어린 시절부터 책 읽는 습관으로 생각하는 힘을 기르고 자기 생각을 표현해 온 Finns는 어른이 되어서도 꾸준히 도서관을 이용하며 책을 읽고 새로운 것을 배우기를 멈추지 않습니다. 그래서 Finns와 함께하는 토론 테이블은 언제나 다양한 생각들로 풍성하고 서로에게 배우려는 호기심과 열정으로 가득합니다.

핀란드에서 책 읽기는 학교생활 이전부터 시작되는 보편적인 교육법이고 도서관 방문도 학교 수업의 연장입니다. 미취학 아동의 경우도 예외는 아닙니다. 핀란드 가정에선 아이가 아주 어릴 때부터 잠들기 전에 부모님이 책 읽어주는 문화를 당연하고 중요하게 여깁니다. 핀란드 교육은 암기 위주 학습법이나 지식축적 목적이 아니라 어릴 때부터 생각하는 힘을 기르는 책 읽기가 몸에 익숙해지도록, 가정과 학교와 사회가 한마음으로 책 읽기 습관형성을 돕고 있는 거죠. 교육 전문가들은 읽기 문화가 창의력 계발과 상상력, 종합적 사고력과 판단력을 골고루 기를 수 있는 입체적인 학습 방법이라고 입을 모읍니다.

책 읽기는 미지의 세계에 대한 지적 호기심을 심어주고 간접적인 생활 경험을 통해 공동체 의식과 책임감을 익히는 과정이 됩니다. 원하는 모든 것을 경험할 수 없는 우리는 책 읽기를 통해 나와 다른 생각을 가지고 다른 공간에 존재하는, 나와 다르게 살아가는 사람들의 삶을 간접적으로 경험해 볼 수 있습니다. 그래서 Finns에게 책 읽기는 간접 경험을 통해 새로운 관점을 익히고 시야를 넓히는 기회가 되고, 도서관은 '미지의 세계로 안내하는 마법의 지름길'이자 일상을 문화적으로 풍요롭게 만드는 소중한 장소가 되는 거죠.

디지털 미디어 시대에도 기본인 책 읽기

그런데 책 읽기가 어린이들과 청소년들에게만 필요할까요? 책 읽기는 데이터가 자산인 시대를 살아가는 직장인들에게도 중요합니다. 이 시대 직장인의 필수역량인 건전한 비판적 사고와 창의력, 다양성의 기초도 책 읽기에서 시작됩니다. 최근 자주 거론되는 미디어 리터러시 media literacy 들어보셨죠? 미디어 리터러시는 다양한 미디어에 접근해 미디어의 작동원리를 이해하며 비판하는 능력을 넘어, 미디어를 적절하게 창조하고 활용할 수 있는 역량을 의미합니다. 디지털 미디어 시대의 소통역량인 미디어 리터러시도 탄탄한 책 읽기의 기초를 필요로 합니다. 정보와 데이터가 넘치는 시대엔 개인이 '노하우 know-how'를 암기하는 능력보다 조직내에 누가 무엇을 알고 있는지 who knows what 아는 '노웨어 know-where'와 더불어, 다양한 정보와 데이터를 찾아내고 연결하고 활용하는 능력이 더 중요하기 때문입니다.

| Finland Phenomenon, 하나의 현상이 된 핀란드 교육 |

핀란드 직장생활의 핵심 역량인 건전한 비판적 사고, 협업능력, 창의력과 다양성은 핀란드 교육의 결과입니다. 그런데 최근 국내 사례를 보면 기업의 긍정적 변화가 교육의 변화를 이끌어내기도 합니다. 재단법인 '교육의 봄'이 조사한 바에 따르면 국내외 대기업, IT기업, 금융권, 외국계 및 공기업과 스타트업 등 모든 기업군에서 학벌보다 역량을 중심으로 인재채용 패러다임이 변하고 있다고 하죠. 기업의 블라인드 채용은 졸업한 대학 서열대로 취업 문이 열리지 않음을 보여줬고, 기업의 변화된 인재상은 암기 위주가 아닌 창조적 사고력을 지닌 교육으로의 변화가 필요함을 시사하고 있습니다. 국내 기업의 건강한 조직문화가 국내 교육의 건전한 변화를 촉진하길 기대하는 마음으로, 핀란드 교육 이야기를 조금 더 해보려고 합니다.

Finland Phenomenon

2011년 우연히 보게 된 '핀란드 현상Finland Phenomenon'이란 제목의 짧은 영상이 남긴 깊고 긴 감동의 여운은 핀란드 행을 결심하는 결정적 계기가 됐는데요. 영상 도입부 내레이션만으로도 핀란드 교육은 충격적일만큼 매력적이라 눈물이 날 정도였습니다.

핀란드 현상(Finland Phenomenon)

학생들은 더 늦은 나이에 학교를 시작하고 수업도 덜 받습니다.

학생들은 여름 방학으로 3개월을 보내지만,

하루에 학교에서 보내는 시간은 적습니다.

학생들이 해야 할 숙제가 거의 없고 봐야 할 시험도 거의 없습니다.

교사들은 전문직으로 존경받고 빠르게 정년을 보장받습니다.

교사들은 평가를 거의 받지 않지만 적정한 연봉을 받고

강력한 노조의 혜택을 받습니다.

학교는 자체 커리큘럼을 개발할 자금을 지원받고

새로운 기술을 연구하고 수업에 활용합니다.

학교 간 학업 성취도 격차가 없고 낙오하는 학생도 없습니다.

그럼에도 불구하고 많은 부분에서 세계 1위인 나라, 핀란드입니다.

핀란드 아이들은 가장 늦은 나이에 학교에 다니기 시작하고 주당 24시간으로 가장 적은 수업을 듣고 매일 학교에 머무는 시간이 가장 짧으며, 여름방학은 3개월이나 즐기고 숙제와 시험이 거의 없습니다. 핀란드에서 교사는 지원자의 10%만이 교육계 대학에 진학할 수 있을 만큼 선망의 대상이고, 석사학위는 필수이며 능력과 의욕 모두를 갖춘 수준 높은 교사에 대한 Finns의 자부심은 대단합니다. 교사의 권위

와 권리가 존중받고 직접 커리큘럼을 개발할 자율성이 보장된 핀란드
에선 학교 간 학업성취도 차이도 거의 없습니다.

대학진학의 도구가 되어버린 한국 교육 현실에서 울면서 경쟁하듯
공부하는 아이들과 달리, 핀란드 아이들은 웃으면서 학교생활을 즐긴
다는 말을 듣고 속상했던 기억이 납니다. 공부하는 목적을 묻는 질문
에 공무원, 의사, 변호사, 가수처럼 명사 noun 인 직업으로 답변한 한국
의 10대와 달리, 핀란드 아이들은 다가올 미래에 어떻게 살고 싶은지
를 동사 verb 로 표현합니다. 심지어 "더 나은 세상을 만들기 위해서 make
the world a better place "와 같은 놀라운 대답도 다수였고요.

왜 한국과 핀란드 아이들이 공부하는 목적이 이렇게 다른 걸까요?
아이들 답변의 차이는 교육을 바라보는 우리 어른들 시선의 차이가
초래한 결과 아닐까요? 핀란드에서 배움은 학교와 교실 내에만 존재
하는 게 아닙니다. 부모와 이웃 사회, 도서관과 박물관에서 얻는 삶의
지혜도 중요한 배움이라고 Finns는 굳게 믿고 있고, 그 믿음은 2012년
시작한 핀란드 공교육 혁신 프로젝트인 인노스쿨 InnoSchool 에 그대로 반
영되었습니다. 인노스쿨은 경계를 초월한 교육시스템 혁신을 위해 학
교 수업과 외부의 평생 학습 기회를 연결하며 가상, 물리적, 사회적, 정
신적 차원의 교육을 결합하는 핀란드 미래학교 연구 프로젝트입니다.
헬싱키대학 교육학교수인 레에나 끄록포스 Leena Krokfors 는 '정규교육

Education 과 학교 밖 배움 Learning 을 조화롭게 통합'해 아이들을 제대로 가르치는 것이 이 프로젝트의 핵심이라고 강조합니다. 어릴 때부터 익숙해진 읽기 문화가 교육과 배움의 조화를 통해, 삶의 지혜를 축적하고 가능성을 확장하며 새로운 세계관을 창조하는 저력의 근본이 된다고 핀란드 교육전문가들은 말합니다.

모국어를 사랑하고 존중하는 Finns

교육강국 핀란드에서 가장 중요한 과목이 무엇인지 궁금하시죠? 글로벌 시대의 경쟁력인 영어 구사능력 세계 6위의 Finns는 의외로 모국어인 핀란드어 교육을 가장 중요하게 여깁니다. 컴퓨터란 단어를 외래어 그대로 사용하는 대신 핀란드어인 띠에또꼬네 tietokone: tieto정보 + kone기계란 표현을 더 자주 사용하죠. 수업의 대부분이 모국어로 이루어지는

헬싱키대학원 석사과정을 시작하기 한 달 전 미리 도착해서 들었던 첫 번째 핀란드어 수업의 교재(Suomen Mestari)와 직접 딴 링곤베리(lingonberry) 사진입니다. 영어만으로도 핀란드에서 일하고 생활하는 데 불편은 없었지만, 핀란드어를 배우면서 Finns의 삶의 언어와 문화의 문법에 대한 이해가 깊어졌습니다.

독서와 토론 중심이고, 모든 수업 중 언어 과목 비중이 절대적으로 높습니다. 초등학교에선 읽기 보조 수업을 통해 학습 진도가 더딘 아이들을 세심하게 배려합니다. 언어를 모든 학문의 기본으로 여기는 핀란드에선 대학을 졸업하기 전에도 모국어인 핀란드어 시험이 필수입니다. 이처럼 Finns의 읽기능력을 향상시킨 비결은 어린 시절부터 배운 모국어에 대한 사랑과 존중입니다.

삶의 질에 영향을 미치는 문해력

코로나19 사태로 원격수업이 장기화되고 디지털기기 사용이 늘면서 청소년 문해력 저하 실태에 대한 우려가 쏟아지고 있죠. 그런데 글을 읽고 쓸 줄은 알지만 글을 읽어도 이해를 못 하는 문해력 저하는 중고등 학생의 학력손실 문제로 끝나지 않습니다. OECD의 국제성인역량조사[PIAAC] 결과에 따르면 문해력 차이가 취업 가능성과 평균 시급의 격차로 이어졌고, 문해력이 높을수록 정치, 봉사, 지역사회 활동 참여도 및 건강과 신뢰도가 높게 나타나 삶의 질에도 영향을 미친 것으로 드러났습니다. 더 나아가 문해력 약화로 스스로 비판적이고 분석적으로 글을 이해하지 못하고 생각을 형성하지 못하는 시민들이 늘어나면 민주주의 위기를 초래할 수 있다고 전문가들은 경고합니다. 핀란드 교육이 모국어에 대한 사랑과 존중을 가르치며 독서와 토론으로 '생각하고 표현하는 과정'에 집중하는 이유를 다시 생각해봐야 합니다.

핀란드식 다양성은 나만 특별한 게 아니라 모두가 고유한 존재임을 인정하고 존중하는 데서 시작합니다. 각자의 고유함이 있는 그대로 존중받는 개인들이 서로를 배척하거나 경쟁하는 대신, 공존하며 서로 보완하고 서로를 통해 배우고 협력하며 함께 성장할 때 다양성과 포용은 개인과 조직의 가능성을 확장하고 새로운 세계관을 창조하는 저력이 됩니다.

최근 내가 방문한 공공도서관이나 책을 읽거나 구입할 수 있는 방법 중 소개하고 싶은 것이 있다면 무엇이고 어떤 점이 좋았거나 아쉬웠나요? 책 읽는 습관을 유지하는 나만의 비결이 있다면, 어떻게 시작할 수 있었고 어떤 도움이 됐나요?

2

핀란드의 교육과 내가 받았던 교육이 서로 비슷한 점과 다른 점이 있다면 무엇이고, 지금의 직장생활에 어떤 영향이 있다고 생각하나요? 기업의 채용과 인재상 변화가 어떻게 한국의 교육에 긍정적 영향을 미칠 수 있다고 생각하나요?

4. 다양한 개인이 공존하는 다이내믹한 핀란드 조직문화
Diverse into Dynamic

■ Diversity is having a seat at the table, inclusion is having a voice,
■ and belonging is having that voice be heard.
▨ 다양성은 앉을 자리를 갖는 것이고, 포용은 목소리를 내는 것이며,
소속감은 그 목소리가 들려지는 것이다.
Liz Fosslien

다양성과 포용을 경험하게 해준 핀란드 대학 학우회

헬싱키대학원 시절 진짜 핀란드 대학생활을 경험해 보려고 가입한 학생회가 있는데, HO 혹은 하메 Häme 로 불리는 '하말라이스 오사꾼따 Hämäläis-Osakunta '입니다. HO 학생회는 핀란드 중부지역 하말라이넨 Hämäläinen 출신 학생들로 구성된, 한국으로 말하면 충청도 출신 학우회 같은 모임이죠. 여러 학생회 중 좋은 혜택이 유독 많은 HO 학생회에는 하말라이넨 지역 출신이 아닌 학생들도 많이 가입합니다. 헬싱키의 가장 번화가인 깜삐 Kamppi 에는 학생회가 소유한 하메딸로 Häme Talo 라는 8층 건물이 있는데, 1층 따바스띠아 클럽 Tavastia Club 은 맛집으로 소문나 학생뿐 아니라 주변 직장인들도 자주 찾곤 합니다. 8층엔 회원전용 사우나가 있고 지하 1층엔 사격동호회를 위한 연습 시설도 갖추고 있답니다.

Hämäläis-Osakunta에서 만난 하메(Häme) 친구들과 펜싱(fencing)과 사격(rifle shooting)을 비롯한 여러 활동을 함께 하면서, 열린 마음으로 다양한 출신들과 기꺼이 혜택을 나누는 그들의 몸에 밴 포용을 경험했습니다

저는 핀란드인도 아니고 하말라이넨 출신도 아니지만, 가입을 적극 권유 받았고 동일한 혜택을 누렸습니다. 하메 친구들과 여러 활동을 함께 하며 난생처음 펜싱과 사격도 배웠고, 졸업을 앞둔 마지막 학기엔 Häme Talo 7층에 있는 학생회 도서관에서 1인 연구실을 배정받는 혜택을 누리며 석사 논문을 준비했습니다. 방학이 되면 하우스 호숫가 Hausjärvi에 있는 학생회 별장으로 여행을 가곤 했는데, 저녁이면 출신 지역 전통의상으로 갈아입고 전통춤을 즐기는 학생들 모습이 인상적이었습니다. 하메 Häme 다움에 자긍심을 느끼며 하메 전통을 존중하는 동시에, 같은 지역 출신이 아니더라도 누구에게나 열린 마음으로 동일한 혜택을 함께 나누는 걸 당연히 여기는 하메 친구들에게 다양성과 포용은 새로울 것도 없는 몸에 밴 일상처럼 보였죠.

하우스야르비(Hausjärvi)에 위치한 하메별장(Hämäläinen kesämökki)을 찾은 어느 겨울날, 핀란드 중부지역
전통의상을 입은 하메(Häme) 친구들이 멋진 전통춤을 춘 후 사진을 위한 포즈를 취해주었습니다.

매일 다른 이름을 축복하는 이름 달력

핀란드식 다양성이 각자의 다름을 인정하고 존중하는 건 세상에서
자기만 특별한 존재라고 착각하는 자의식 과잉과는 전혀 다릅니다. 핀
란드에선 각자의 고유함을 있는 그대로 존중받고 인정받는 개인들이
모여 다양한 고유함 그 자체를 축하하고 즐깁니다. 핀란드에는 매일 서
로 다른 이름들이 인쇄된 이름 달력 Nimipäiväkalenteri 이 있다는 거 아세요?
예를 들면 매년 7월 14일엔 Aliisa, 16일엔 Reino, 18일엔 Riikka라는 이
름을 지닌 가족이나 친구, 동료를 축하하며 기념하는 거죠. 별걸 다 기념
한다고 생각할지 모르지만 이름 달력에 인쇄된 서로 다른 이름처럼 세
상에는 다양한 이들이 함께 공존한다는 걸 기억하고 축복하며, 다양성
을 인정하고 존중하는 습관을 생활 속에서 실천하고 있습니다.

다양한 개인이 이루는 다이내믹한 공동체

공동체에는 서로 다른 책임과 역할을 맡을 다양한 구성원이 필요합니다. 축구팀 11명 모두가 미드필더^{MF}나 공격수^{FW}면 안 되고, 야구팀 모두가 포수이거나 모두가 외야수일 필요는 없으니까요. 우수한 기획자가 프로그래밍이나 UX디자인을 배워 혼자 다 하려는 것보다, 탁월한 개발자와 디자이너를 찾아 협업을 도모하는 게 훨씬 효율적입니다. 개발자와 디자이너와 기획자가 각기 익숙한 표현방식이나 일에 접근하는 방식이 서로 다르더라도, 서로의 다른 전문성을 인정하고 존중하고 함께 일할 때 보다 나은 결과물을 기대할 수 있죠. 비슷한 사람들이 끼리끼리 모이면 말도 잘 통하고 쉽게 공감대를 형성해 좋을 것 같지만, 시야가 좁아지고 사고가 편협해지기 쉽습니다. 핀란드에선 서로 배척하거나 경쟁하지 않는 다양한^{diverse} 개인들이 각자의 고유함으로 공존하며 다이내믹한^{dynamic} 핀란드 경제와 사회의 활력이 되고 있습니다.

Diverse into Dynamic

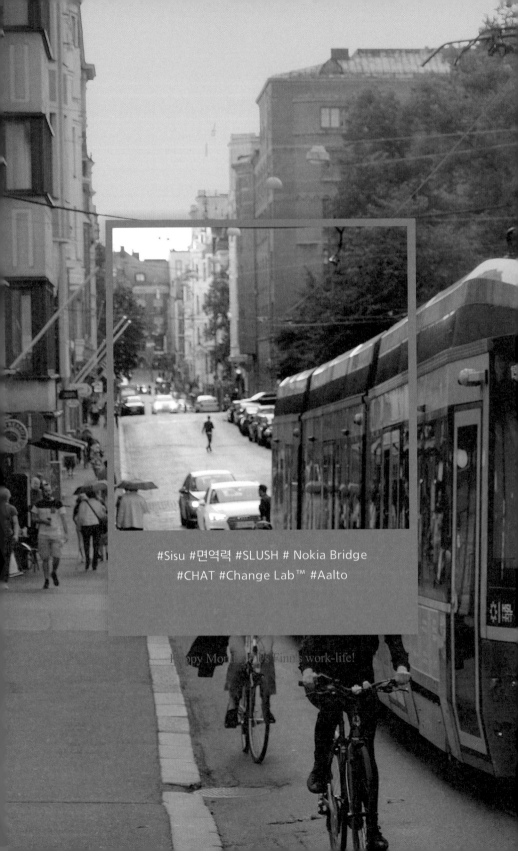

#Sisu #면역력 #SLUSH # Nokia Bridge
#CHAT #Change Lab™ #Aalto

Happy Monday, let's Finn's work-life!

시도하는 문화

맞서서 시도하고 즐기는 문화

시도하고 실패해도 축하하는 문화

시도하고 변화하는 Change Lab™

시도와 실패를 격려하며 진화하는 핀란드 조직문화

- Encouraging into Ever-evolving

1. 맞서서 시도하고
   즐기는 문화

■ Sisu begins where perseverance and grit end.
■ It is the 'second wind' of mental toughness, after the individual has
▨ reached the limits of their observed mental or physical capacities.
끈기와 투지가 끝나는 곳에서 시작하는 Sisu는
자신의 정신적, 육체적 한계에 도달한 이후 새로운 활력이 되는 강인한 정신력이다.
Emilia Lahti

| 핀란드 정신유산, 시수 Sisu |

실패를 두려워하지 않고 한계에 기꺼이 맞서는 정신

북유럽 라이프 스타일을 표현하는 라곰 Lagom 이나 휘게 Hygge 라는 단어를 들어본 적 있으실 거예요. 하지만 핀란드의 시수 Sisu 는 아마도 조금 생소할 것 같아 소개해 보려고요. 핀란드, 스웨덴, 덴마크, 노르웨이는 스칸디나비아반도를 중심으로 비슷한 기후와 문화를 공유해 북유럽 4국으로 불리지만, 핀란드에는 북유럽의 다른 세 국가와는 확연히 다른 핀란드만의 매력이 있습니다. 핀란드의 시수 Sisu 는 이웃한 북유럽 국가들을 흉내 내는 대신 일상부터 정치까지 자신의 한계를 넘는 새로운 시도로 끊임없이 도전하는 핀란드만의 독특한 정신유산을 말합니다. 실패를 두려워하지 않고 자신의 능력과 가능성의 한계에 기꺼이 맞서는 시수 Sisu 정신은 핀란드 문화의 정수 essence 이자 국민적 기질입니다.

이딸라 & 아라비아 디자인센터(Iittala & Arabia Design Center)는 핀란드를 대표하는 라이프스타일 디자인의 과거와 현재, 미래를 보여주는 역동적 문화 전시장입니다. 8층의 Design Lab에서 작업 아티스트와 방문객이 교류하는 실험실은 준비된 답변을 제공하기보다 획기적 디자인을 정의하는 지속적 실험프로세스를 축하하며, 호기심 많은 사람에게 새로운 아이디어와 예상치 못한 창의성으로 이어질 영감을 주는 열린 공간입니다.

핀란드가 행복지수 1위로 선정된 2018년, 영국의 한 언론사는 'Forget Denmark and hygge, Finland is the new Nordic hotspot for wellbeing. 덴마크와 휘게는 잊으세요. 새로운 웰빙 핫스팟은 핀란드 '라는 타이틀로 기사를 냈습니다. 덴마크의 휘게 Hygge 와 스웨덴의 라곰 Lagom 은 국내에서도 책으로 출판될 만큼 제법 알려졌지만, 핀란드의 시수 Sisu 는 아마도 조금 낯설 듯 한데요. 덴마크어와 노르웨이어로 안락하고 아늑하고 편안하고 따뜻한 상태를 의미하는 휘게는 가족이나 친구, 사랑하는 사람들과 함께하는 시간을 소중히 여기고, 때론 혼자 보내는 소박하고 여유로운 삶을 만족하며 즐기는 덴마크식 라이프 스타일입니다. 한편 스웨덴의 휘게라 불리는 라곰은 스웨덴어와 노르웨이어로 적절한 양을 의미하는데, 너무 많지도 적지도 않은 적절함의 균형을 의미하는 스웨덴식 행복의 비밀이죠.

그에 반해 핀란드의 시수 Sisu 는 영어나 다른 언어로는 정확한 번역조차 쉽지 않은 Finns 특유의 불굴의 정신을 표현하는 문화적 개념입니다. 회복 탄력성 resilience 과 강인함 tenacity 과 근성 guts 의 의미를 모두 담고 있는 시수 Sisu 는, 자신의 능력과 가능성을 넘어서는 어려움이나 도전을 만나더라도 기꺼이 감당하고 활동 지향적으로 행동하는 Finns의 성향을 표현합니다. '의지적 결단력으로 역경에 맞서 이성적으로 행동하는 volitive determination, perseverance, and acting rationally in the face of adversity ' 시수 Sisu 는 '순간의 용기가 아니라 그 용기를 버틸 수 있는 능력 not momentary courage, but the ability to sustain that courage '을 의미하죠. 스웨덴, 덴마크, 노르웨이가 추구하는 만족과 평온의 상징인 휘게나 라곰과는 결이 다른 핀란드의 시수 Sisu 는, 실패를 두려워하지 않고 기꺼이 맞서서 시도하는 핀란드 문화의 핵심이라고 할 수 있습니다.

주변 북유럽 국가와 다른 결정, 앞서가는 시도

그렇다면 핀란드는 시수 Sisu 정신을 어떻게 실천하고 있을까요? 핀란드는 기후와 문화적 배경이 비슷한 북유럽 이웃 나라들을 곁눈질하며 흉내내기 보다 시수 Sisu 정신으로 끊임없이 자신의 한계를 넘는 새로운 시도를 하고 있습니다. 덴마크와 스웨덴은 유럽연합 회원국이지만 노르웨이는 아직도 유럽연합에 가입하지 않았고, 세 나라 모두 여전히 유로화 대신 각 나라 화폐인 크로나 Krona: 스웨덴SEK, 덴마크DKK, 노르웨이NOK 를 사용합니다. 핀란드는 어떨까요? 핀란드는 1995년 유럽연합에 가입하고 1999년부터 유로화 EUR 를 공식통화로 사용하는 유로존 국가 중 하나입니다. 핀란드는 주변 국가들의 결정을 맹목적으로 따르지 않고 글로벌 시대의 변화에 유연하게 대응하며 국제협력에 앞장서는 시도를 기꺼이 실행하고 있는 거죠.

게다가 북유럽 4국 중 유일하게 핀란드만 로열패밀리 대신 대통령과 총리로 구성된 의회 민주주의 정치를 시행하는 민주 공화국입니다. 핀란드 대통령은 국민이 총선을 통해 직접 선출하는데, 대통령이 각 당대표와 협상 후 총리 후보를 지명합니다. 지명된 후보가 의회에서 과반수 찬성을 얻어 총리로 임명되고 나면, 총리가 부총리와 장관과 함께 내각을 구성하죠. 반면, 스웨덴, 덴마크, 노르웨이는 왕이 국가통합의 상징인 세습 입헌군주국가입니다. 긴 시간 스웨덴과 러시아 통치를 받은 역사적 아픔을 경험한 핀란드는, 이웃 국가들의 왕정을 흉내 내지 않고 상징보다 실리를 선택했습니다.

국민 각자의 재능을 경쟁에 낭비하지 않고 서로 협력하는 핀란드는 주변 국가를 불필요하게 견제하지도 않고 무작정 따라 하지도 않습니다. 스웨덴어, 덴마크어, 노르웨이어는 서로 알아들을 수 있을 만큼 비슷하지만, 우랄어족 언어인 핀란드어는 그 계통부터 전혀 다릅니다. 그렇지만 행복을 스스로 정의한 핀란드는 이웃한 북유럽 나라들과 닮은 부분보다 다른 부분이 조금 더 많아도 괜찮습니다. 이웃 국가와 다른 역사, 다른 언어가 핀란드의 한계가 아닌 끈기와 투지로 끊임없이 새로운 시도를 실천해야 할 이유가 되기 때문이죠.

| STOP whining START enhancing immunity |

바꿀 수 없는 날씨에 Finns가 대처하는 방법

Finns가 일상에서 실천하는 시수 Sisu 정신은 어떤 모습일까요? 북유럽 다른 나라들과 마찬가지로 핀란드 날씨는 혹독하고 예측하기 어렵습니다. 하지만 Finns는 바꿀 수 없는 상황과 환경에 불평하는 대신 스스로 면역력을 키우고, 미리 대비하는 제도와 습관으로 맞서서 즐기며 살아갑니다. 혹독한 추위와 오랜 시간 맞서 온 Finns는 내 힘으로 바꿀 수 없는 예측 불가한 날씨를 탓하거나 움츠러들지 않습니다. 그 대신 내 생각을 바꾸고 옷차림을 바꾸고 면역력을 기르고 건강을 유지하며, 미리 능동적으로 주어진 기후 조건에 적절히 대비하는 거죠. 오랜 경험과 삶의 지혜가 담긴 Finns의 시수 Sisu 정신은 핀란드 일상 곳곳에서 쉽게 찾아볼 수 있습니다.

일 년의 반이 겨울인 핀란드는 4월에도 폭설로 거리가 하얗게 덮이기도 하고 낮과 밤의 길이가 같아지는 6월 말 유하누스 ^{Juhannus: 하지} 에 우박이 쏟아지기도 합니다. 그런데도 Finns는 날씨에 대해 좀처럼 불평하지 않습니다. 7년간 핀란드에 살면서 가장 많이 들은 표현 중 하나가 "나쁜 날씨는 없다. 나쁜 옷차림만 있을 뿐! There's no such thing as bad weather, only bad clothes! "일 정도랍니다. 헬싱키에선 흔치 않은 햇살 좋은 5월의 어느 날 오후 퇴근길에 핀란드 동료들과 야외카페에 들렀을 때, 변덕스러운 날씨에도 당황하지 않고 선글라스부터 머플러, 장갑, 우산을 차례차례 꺼내 드는 동료들 모습을 보고 혼자 놀란 기억이 있습니다. 사계절을 모두 담은 Finns의 가방이 마치 뭐든지 다 나올 것 같은 요술 가방처럼 보였거든요.

겨울이 길고 유독 추운 핀란드에도 의외로 경치 좋은 야외카페가 많은데, 헬싱키와 에스뽀 경계에 위치한 Café Haukilahden도 그중 한 곳입니다. Finns는 바꿀 수 없는 기후를 탓하거나 불평하며 움츠리지 않고 한계와 맞서는 시수(Sisu) 정신과 요술 가방(?)으로 무장한 다음, 해가 지지 않는 백야의 여름 햇살을 아낌없이 즐깁니다.

추운 날씨에도 야외활동을 즐기는 Finns

Finns는 추위에 움츠리지 않고 미리미리 면역력을 높이고 체력을 향상시켜 대비합니다. 추위와 어둠을 한계로 인식하지 않고 시수 Sisu 정신으로 시도하고 극복하는 문화는 Finns가 아주 어릴 때부터 시작됩니다. 잠자리에 들기 전 책 읽는 습관 외에도 핀란드 가정에서 대대로 지켜오는 교육 원칙이 있는데, 아이들이 매일 1시간 이상 바깥바람을 쐬고 많이 움직일 수 있게 하는 거죠. 핀란드에서는 영하 5°의 추운 겨울에도 아기를 태운 유모차를 30분 정도 발코니에 내놓거나, 유모차를 밀며 눈이 쌓인 길거리를 다니는 부모들의 모습을 흔히 볼 수 있습니다. 어린이집이나 유치원에서는 날씨에 상관없이 매일 야외활동을 하는데, 핀란드 교육 전문가들은 비나 눈이 오는 날이 아이들이 놀기엔 오히려 더 좋다고 말합니다.

핀란드 교사와 부모는 눈이 와도 비가 와도 흙탕물도 걱정 없이, 아이들이 숲에서 뒹굴고 눈사람을 만들고 고인 빗물에 첨벙대고 자연을 탐색하고 주변을 관찰하며 놀게 합니다. 보기에 멋진 옷차림 대신 방수와 방한이 되는 오버롤 overalls 을 입은 핀란드 아이들은 어떤 날씨에도 야외에서 마음껏 뛰놀며 면역력과 건강을 키우며 자랍니다. 핀란드에서 놀이는 아이들의 당연한 권리일 뿐 아니라 실험정신, 도전정신, 창조력을 길러주는 반드시 필요하고 중요한 교육법이거든요. 초등학교에서도 쉬는 시간마다 교사가 교실 문을 잠그고 아이들이 운동장에서 친구들과 놀며 시간을 보내도록 지도합니다. 핀란드의 길고 어두운 겨울을 건강하게 보내려면 야외활동은 선택이 아닌 필수입니다. 햇빛을 통해 우리 몸에 생성된 비타민 D가 불면증과 우울증을 예방하기 때문이죠.

작은 크리스마스인 삐꾸요울루(Pikkujoulu) 시즌엔 크리스마스를 앞두고 크고 작은 파티가 열립니다.
2012년 첫 파티가 열린 헬싱키 번화가 Kammpi의 친구 집에 가는 길엔 눈이 자동차 높이만큼 쌓였지만,
다음 날 아침 등교와 출근엔 아무런 지장이 없었습니다.

핀란드 학생들은 3개월의 긴 여름 방학을 즐기지만, 6개월의 긴 겨울엔 아무리 많은 눈이 내려도 휴교령 한번 없이 학교에 갑니다. 핀란드에선 폭설로 학교나 회사를 못 가거나 도로를 이용하지 못하거나 자동차가 속도를 내지 못하는 일은 없습니다. 밤새 내린 눈이 자동차 높이 만큼 쌓여도 핀란드의 탁월한 제설 시스템이 모든 도로를 깨끗하게 정리해 놓기 때문이죠. 겨울이 시작되기 전 핀란드 도로를 달리는 모든 차량은 도로교통법에 따라 반드시 윈터 타이어로 교체해야 합니다. 한겨울에도 시속 100km로 달리는 Finns의 차를 처음 타본 한국 사람들은 많이 놀라지만, 빙판길 사고는 핀란드에선 극히 드문 일입니다.

지구 북쪽에 있어서 핀란드의 겨울은 길고 춥고 어둡고 눈도 많이 내리지만, 혹독한 날씨를 바꿀 수 없는 없으니 Finns는 차라리 즐기기로 하고 그들답게 용감하고 당당한 시수 Sisu 정신으로 맞서서 시도하고 즐기며 살아갑니다. 핀란드에선 어른 아이 할 것 없이 계절을 가리지 않고 다양한 야외활동과 사우나와 얼음 수영을 즐깁니다. 어두운 겨울엔 조명을 밝힌 집 근처 숲에서 크로스컨트리 스키를 즐기며 땀을 흘리고, 해가 지지 않는 여름엔 운동 삼아 자가용 대신 자전거로 1시간 거리 출근길을 달려옵니다. 핀란드의 혹독한 겨울과 예측불허 날씨도 Finns에겐 굴복해야 할 한계가 아닌 거죠. 의지적 결단력으로 맞서고 이성적으로 행동하는 Finns는 두려움 없이 용감하게 긴 겨울을 버틸 뿐 아니라 오히려 즐기는 시수 Sisu 정신을 날마다 실천하며 살고 있답니다.

1

일상과 업무에서 습관적으로 불평하는 상황에 핀란드의 시수(Sisu) 정신을 적용해 본다면, 어떤 시도를 실천해 어떤 변화를 기대할 수 있을까요?

2. 시도하고 실패해도 축하하는 문화

■ I can accept failure; everyone fails at something.
■ But I can't accept not trying.
나는 실패를 받아들일 수 있고, 누구나 무언가에 실패한다.
하지만 나는 시도하지 않는 것은 받아들일 수 없다.
Michael Jordan

| 음료 이름이 아닙니다: SLUSH |

세계적 스타트업 축제

새로운 시도를 하려다 망설였던 경험이 있으신가요? 모든 시도가 성공하는 건 아니고 새로운 시도는 수많은 시행착오를, 때론 원치 않는 실패를 마주하게 하죠. 하지만 실패를 두려워하기 시작하면 획기적인 혁신의 시작이 될 시도조차 주저하게 됩니다. 시행착오로 인한 실패는 받아들여야 하지만, 시도하기를 실패하는 건 받아들여선 안 됩니다. 핀란드는 국민기업 노키아Nokia 의 위기를 실패의 경험으로 겸허히 받아들였지만, 그 위기를 발판으로 정부와 기업과 대학이 힘을 모아 새로운 시도를 단행했고 그 결과 창조와 혁신의 스타트업 국가로 거듭날 수 있었습니다.

날씨에 좀처럼 불평하지 않는 Finns도 어글리 ^{ugly} 라는 표현을 쓰며 꺼리는 날씨가 있습니다. 도심 한가운데서 산타클로스와 크리스마스 마켓을 만날 수 있는 하얀 눈 덮인 동화 같은 진짜 겨울이 오기 전, 밤새 내린 눈이 낮에 녹아 길거리가 온통 질척질척한 슬러시처럼 변하는 시즌인데요. 신기하게도 전 세계 사람들은 핀란드가 가장 어글리한 이 시즌에 스타트업 축제 슬러시 ^{SLUSH} 에 참가하기 위해 헬싱키로 모여듭니다. 핀란드의 어글리한 날씨를 표현하던 'slush'가 이제는 세계적 스타트업 축제의 이름이 된 거죠. 매년 헬싱키에서 열리는 세계 최대 스타트업 컨퍼런스 슬러시 ^{SLUSH} 에는 130여 개국에서 2만 명이 넘는 스타트업과 투자자들이 참가합니다. 상공회의소 동료들과 함께 참가했던 2018년에도 유럽, 미국, 아시아에서 온 3천여 개의 스타트업 관계자들과 2천여 명의 벤처투자자들뿐만 아니라 이들과 만나려는 애플, 구글, 마이크로소프트, 지멘스, 롤스로이스와 같은 세계적 대기업 부스들이 헬싱키 최대 규모의 엑스포센터 메쑤께스꾸스 ^{Messukeskus} 를 가득 채웠습니다.

헬싱키 Messukeskus에서 열린 글로벌 스타트업 축제 SLUSH 2018

노키아 위기를 창업 국가로 거듭나는 기회로

핀란드는 어떻게 스타트업 중심의 국가로 거듭날 수 있었을까요? 핀란드가 창업 국가로 거듭나 매년 글로벌 스타트업 축제를 개최하기 시작한 배경에는 역설적이게도 핀란드 대표기업 노키아의 위기가 있습니다. 한때 전 세계 휴대폰 시장의 40%를 장악했던 노키아는 핀란드 국내총생산 GDP의 1/4을 책임지는 국민 기업이었죠. 하지만 국민기업 노키아의 쇠퇴는 핀란드의 국가적 실업난으로 이어졌고, 2012년~2014년에는 핀란드 경제성장률이 마이너스를 기록할 만큼 상황이 심각했습니다. 그런데 정작 실업난과 마이너스 경쟁성장률보다 더 심각했던 문제는, Finns의 자부심이었던 100년 기업 노키아의 쇠퇴로 인해 핀란드 국민들 사이에 팽배해진 좌절감과 패배감이었습니다.

하지만 핀란드는 실패로 좌절하고 주저앉는 대신 힘을 모아 새로운 시도로 획기적 혁신을 시작했습니다. 노키아의 위기로 실업률이 치솟던 2008년, 핀란드 정부는 대기업 중심의 경제구조를 탈피하고자 대학생들의 창업을 권장하고 지원하기 시작했고요. 이때 알토대학 창고에서 시작된 스타트업 엑셀러레이터 accelerator 인 '스타트업 사우나 Startup Sauna '에서 대학생들과 해고된 노키아 출신들이 주도하는 스타트업들이 시작된 거죠. 노키아에 과하게 의존했던 실패경험을 발판삼아 국가적 위기 상황에서 핀란드는 정부와 기업과 대학이 협력해 새로운 시도를 단행했습니다. 그 결과 창조와 혁신으로 전 세계를 이끌어가는 스타트업들과 투자자들이 헬싱키로 모여들기 시작했고, 핀란드 전체의 산업구조가 개편되는 기회가 되었습니다.

핀란드의 국가적 위기에서 시작한 슬러시 SLUSH 가 이제는 창조와 혁신을 상징하는 브랜드로 자리잡았습니다. 기업도 국가도 시행착오와 실패를 두려워하면 빠르게 변하는 글로벌 시대에 살아남기 어렵습니다. 실패가 두려워 시도조차 하지 않는 겁쟁이 마인드로 익숙함에 안주하려는 태도는 곤란합니다. 새로운 시도는 언제나 위험을 감수해야 하고 모든 시도가 다 성공하는 것도 아닙니다. 그래도 넘어지지 않으려고 주저하는 것보다 넘어져도 일어나 또다시 시도해봐야 위기를 기회로 만들 수 있지 않을까요?

┃ 지원과 격려의 다리 'Nokia Bridge' ┃

위기를 기회로 만든 핀란드 정부, 기업, 대학

머리를 맞댄 핀란드 정부와 대학은 직면한 국가적 위기를 핀란드 전체 산업구조 개편과 고도화 기회로 만들어 냈습니다. 그러는 동안 이 국가적 위기를 초래한 노키아는 무얼 했을까요? 노키아는 자신들의 위기가 실패가 아닌 기회가 될 수 있도록, 2011년 대규모 구조조정 과정에서 해고대상 직원들의 재취업과 창업을 지원하는 '노키아 브릿지 Nokia Bridge ' 프로그램을 고안해 운영했습니다. 경영진과 회사의 잘못된 선택으로 인한 실패는 인정했지만, 노키아는 그 책임을 구성원에게 떠넘기지 않았습니다. 기업이 나서서 해고대상 인재들의 직종 전환을 적극적으로 지원하고 격려했습니다. 안타까운 대규모 구조조정을 단행하면서도 탁월한 기술력으로 함께 역사를 만들어온, 그들이 채용했던 우수한 인재들의 새로운 시도를 지원한 거죠.

노키아는 적극적으로 나서서 실무 전문가들을 초빙해 해고대상 직원들에게 재취업을 위한 맞춤 교육을 제공했고, 창업을 위한 대출과 보조금을 직접 지원했습니다. 해고대상 직원들이 회사를 설립한 이후에는 노키아의 기술을 제공하기도 했습니다. 중년의 노련한 노키아 출신들은 참신한 아이디어의 대학생들과 협력했고, 글로벌 수준의 기술력과 혁신적 발상의 시너지로 1,000여 개 스타트업과 400여 개 기업이 시작되었죠. 핀란드 스타트업들과 파일럿 프로젝트를 운영하면서 노키아 출신들을 만날 기회가 자주 있었는데, 한결같이 노키아에 대해 긍정적으로 평가했고 여전히 노키아 출신이란 강한 자긍심을 보였던 모습이 신기하면서도 인상적이었습니다. 노키아 핵심 사업부였던 휴대전화 부문은 2013년 9월 마이크로소프트에 매각됐지만, 노키아 출신 우수 인재들은 직종 전환을 통해 국가 전체의 산업구조 개편에 기여했고 핀란드가 스타트업 국가로 거듭나는 원동력이 되었습니다.

글로벌 스타트업 축제 SLUSH 2018

　그런데 새로운 시도를 응원하고 지원하는 건 노키아만이 아닙니다. 핀란드에선 산업구조 고도화를 위한 구조조정을 할 때도 전국 1,000 여 곳에 있는 성인 대상 교육기관에서 직업 전환 재교육을 제공합니 다. 직장을 잃은 사람도 최신 기술을 재교육 받은 후 컴퓨터 엔지니어 나 디자이너로 다시 시작할 수 있습니다. 핀란드 중부도시 오울루 Oulu 에서 평생 교직에 몸담으신 친구의 어머니는 60대에 은퇴하신 후 지역 교육기관에서 프로젝트관리 강좌를 들으며 프로젝트 매니저로의 새 출발을 준비하셨는데요. 막상 6개월 교육과정을 마치고 일을 시작해 보니 생각과 달리 적성에 맞지 않았지만, 실망하거나 주저앉는 대신 다 시 새로운 시도로 보건 교사가 되기 위한 2년 과정에 등록하시더라고 요. 60대 중반인 지금도 초등학교 보건 교사로 근무하시는 친구 어머 니는 두려움 없는 도전과 시도로 인생 2막을 활기차게 보내고 계십니다. 모든 선택이 항상 성공을 보장하진 않지만, 핀란드에선 시행착오나 은퇴가 시도조차 포기할 이유가 되진 않습니다.

스타트업 인큐베이터, 알토대학교

핀란드 스타트업 절반을 배출했다고 알려진 알토대학교 Aalto University 는 2010년 핀란드 정부 주도로 헬싱키 경제대, 헬싱키 공과대, 헬싱키 예술디자인대가 통합해 출범된 대학입니다. 혁신과 창조를 강조하는 알토대학의 이름은 핀란드 현대건축과 디자인을 대표하는 혁신적인 건축가 알바르 알토 Alvar Aalto 의 이름과 정신을 반영합니다. 알토대학은 2020년 세계대학 랭킹시스템 WURI: World's Universities with Real Impact 이 발표한 세계혁신대학 3위로 선정됐고, 창업가정신 Entrepreneurship 부문에선 1위 를 차지했습니다. 내수 시장이 협소한 핀란드 경제 상황의 한계는 오히 려 핀란드가 과학기술교육을 강조하고 외국어 교육을 비롯해 인재에 대한 실용적 투자를 촉진하는 기회가 된 거죠.

핀란드 기업과 정부와 대학의 체계적 지원을 받은 Finns의 새로운 시도와 도전은 세계적 스타트업의 탄생으로 이어졌습니다. 앵그리버드 Angry Bird 게임을 만든 로비오 Rovio 와 클래시오브클랜 Clash of Clans 과 헤이 데이 Hay Day 로 유명한 슈퍼셀 Supercell 이 핀란드 스타트업이란 사실 알고 계셨나요? 그 외에도 노키아 출신 개발자들이 설립한 욜라 Jolla 나 23개 국 1천2백만 유럽인이 사용하는 배달앱 볼트 Wolt 도 성공한 핀란드 스타트업들 중 하나입니다. 슬러시^{SLUSH} 도 로비오 공동 창업자인 **뻬떼르 베스떼르바카**^{Peter Vesterbacka} 가 2008년 시작한 네트워크 모임에서 출발했습니다. 2011년부터는 알토대 학생들로 구성된 조직위원회가 직접 슬러시^{SLUSH} 를 운영하면서 매년 세계 최대 스타트업 축제로 이어가고 있습니다.

실패 강박증에서 벗어나야 할 때

핀란드에선 한때 나라의 경제를 책임지던 기업의 위기도 개인의 은퇴나 시행착오도 협소한 내수 시장의 제약도, 새로운 시도를 포기할 핑계나 한계가 되지 못합니다. 우리 현실은 어떤가요? 안타깝게도 대학 입시도 취업도 직장에서의 실수도 창업 과정의 시행착오도, 단 한 번의 실패조차 쉽게 받아들이지 못하는 분위기가 사회 곳곳에 만연합니다. 이제는 우리도 달라져야 하지 않을까요? 한국이 '실패 강박증'에서 벗어날 수 있는 패러다임 전환이 시급합니다. 실패가 부끄러운 게 아니라 한 번도 실패하지 않았다는 게 부끄러워야 합니다. 성공한 벤처 기업가들의 실패담에는 감동하면서도 입시와 취업과 창업을 한 번에 성공하지 못한 청년들이 인생의 낙오자 취급을 받게 해선 안됩니다. 익숙한 환경에서 할 만한 일만 반복하면서 창조적 파괴^{creative destruction} 인 혁신의 열매를 기대할 수는 없습니다. 시행착오를 통해 경험을 쌓고 실패해도 다시 도전할 수 있도록 기업과 대학과 정부가 힘을 모아 격려해야 합니다.

| 실패했으니 샴페인을 터뜨리자고요? |

샴페인으로 실패축하 파티하는 슈퍼셀

하루 25억 원을 버는 직원 100명이 일하는 게임회사로 유명한 슈퍼셀의 조직문화는 어떤지 궁금하시죠? 슈퍼셀 CEO인 일카는 제가 2017년 여름에 수강했던 알토대학 창업 과정을 거쳐 간 선배라, 그 해 여름 특별 강연자로 초대된 일카의 강연을 첫 번째 줄에 앉아서 들을 기회가 있었습니다. 강연 후 저는 '자랑하고 싶은 슈퍼셀만의 기업문화'가 무엇인지 물었고, 조금의 망설임도 없던 일카의 답변은 '실패를 축하하는 문화' 였습니다. 일카는 새로 런칭한 게임이 실패할 때마다 일반 스파클링 와인이 아닌 진짜 샴페인 Champagne 으로 실패를 축하하는 파티를 연다고 자랑했습니다. "실패가 유쾌한 경험은 아니지만 실패를 통해 얻은 교훈으로 성공한 게임들을 만들어냈고, 앞으로 나아갈 방향을 제시하는 가장

헬싱키대학원에 다니는 동안 알토대학의 원하는 수업을 신청하고 수강할 수 있었는데, 여름방학 내내 수강했던 창업 과정도 그중 하나였습니다. 같은 과정을 수강했던 졸업한 선배가 창업한 스타트업이 슈퍼셀(Supercell) 이었고, 성공한 벤처사업가가 된 일카(Ilkka)는 그의 실패 경험과 가치를 후배들과 기꺼이 공유했습니다.

큰 원동력이었다."라고 덧붙였고요. '실패하지 않았다는 건 제대로 모험을 해보지도 않았다는 것이고, 모험을 두려워하는 게임은 결코 성공할 수 없다.'는 일카의 생각이 게임 업계에만 국한된 이야기는 아닙니다.

핀란드 공식 실패의 날

별 걸 다 기념하는 핀란드에선 매년 10월 13일 수도 헬싱키에서 자신의 실패 경험을 공유하고 타인들과 함께 실패를 기념하고 축하하는 국가적 행사가 열립니다. 2010년 대학생들이 시작한 실패의 날Finland's National Day of Failure 행사에 지금은 대학생뿐 아니라 대학교수들과 벤처 창업자들도 참여하고 있습니다. 게임 기업, 스타트업뿐 아니라 모든 분야에서 창조와 혁신의 시도가 성공하려면, 어느 정도의 모험은 감수해야 하죠. 하지만 위험을 감내한 모험과 새로운 시도가 항상 성공하는 것도 아니고 꽤 자주 실패로 이어지기 때문에, 시도조차 쉽지 않은 것도 사실입니다. 그래서 실패한 경험을 서로 공유하고 실패해도 괜찮다고 서로 위로하고 격려하면서 다시 시도할 힘과 용기를 얻는 거죠.

제한 없는 호기심의 작은 시도 Tinkering

실패를 두려워하거나 옳고 그름이란 틀에 갇히게 되면, 전혀 어울리지 않는 조합이 조화롭게 작동하는 기묘한 발명품을 발견하기 어렵습니다. 그래서 최근 교육학에서 틴커링tinkering 이라는 개념이 관심을 받고 있죠. 여기서 잠깐! 옥스퍼드사전은 틴커링을 어떻게 설명하고 있는지 볼까요? 틴커링은 '두서없이 무심하게 무언가를 고치거나 개선하려는 시도' attempt to repair or improve something in a casual or desultory way 라고 합니다. 즐기면서 탐구해 나가는 틴커링은 모든 것을 완벽하게 준비한 다음 시작하는 게 아닙니다. 어떻게 해야 하는지 정확히 모르지만, 직관과 상상을 따라 새로운 시도를 하는 과정을 통해 전혀 의도하지 못했던 결과를 만들 수 있기 때문이죠.

틴커링은 실습과 실패의 경험을 통해 배우고, 구조화되지 않은 탐색과 발명의 과정을 통해 혁신의 기회를 만들어가는 여정과도 같습니다. 제한 없이 호기심을 따라 작은 시도를 계속하다 보면 새로운 호기심이 가득한 공간을 발견하게 됩니다. 이런 호기심을 따른 작은 시도들로 새로운 발견에 집중하는 동안, 놀라운 아이디어를 만나는 유레카 eureka 의 순간을 선물처럼 경험하기도 하죠. 모험을 감수하고 실패를 축하하는 Finns 는 아직 사용하지 않은 자신의 잠재력을 더 잘 이해하기 위해 색다른 재료와 아이디어를 실험하고, 현재 직면한 문제에 대한 더 나은 솔루션을 찾기 위해 지속적으로 학습하는 틴커러 tinkerers 입니다.

실패경험의 가치, 실패용인 문화

그런데 경제학자들은 왜 노키아의 위기를 핀란드의 축복이라고 부를까요? 노키아의 위기를 겪으면서 실패를 하나의 경험이자 가치 있는 자산으로 여기는 문화가 핀란드 전체로 확대되고 젊은 벤처 사업가들이 일어나기 시작했기 때문이죠. '새로운 것을 시도하니까 실패해도 괜찮다'는 실패용인 문화와 '실패를 통해 배우는 경험의 가치를 높이 사는' 격려문화는, 핀란드가 스타트업 국가로 전환하고 성장하는 발판이 되었습니다. 3년 만에 회사 가치가 3조 원이 된 슈퍼셀의 성공 요인도 실패를 두려워하지 않고 혁신과 도전을 거듭할 수 있는 '시도하고 실패해도 축하하는 문화'입니다. 요즘처럼 글로벌하고 빠르게 변화하며 경쟁이 치열한 비즈니스 환경에서는, 높은 수준의 혁신을 위해 위험을 기꺼이 감수하는 유연하고 적응력이 뛰어난 조직문화가 필요합니다. 혁신은 익숙한 편안함에서 벗어나 stepping out of the comfort zone 아직 개발되지 않은 잠재적 가능성을 향해 나아가는 reaching the untapped potential 여정이니까요.

에스뽀 오따니에미(Otaniemi)에 위치한 A-Grid는 북유럽 최대 규모의 스타트업 허브(Startup Hub) 중 하나로 '미래 유니콘을 위한 마구간(The Stable for Future Unicorns)'입니다. A-Grid는 유럽 우주국 (European Space Agency) 및 알토 스타트업 센터(Aalto Startup Center)를 비롯해 150개의 스타트업, 액셀러레이터, 에스뽀시(City of Espoo)의 비즈니스 서비스가 한자리에 모인 스타트업 커뮤니티입니다.

실패에 대한 두려움은 새로운 시도와 도전을 주저하게 만들고 이러한 두려움에는 개인도 기업도, 심지어는 국가도 예외는 아닙니다. 핀란드에서 2017년부터 2년 동안 실험한 기본소득제의 결과에, 국내 언론은 충격적이란 표현까지 쓰며 부정적 의견을 쏟아냈습니다. 하지만 정작 Finns는 기본소득이 사람들에게 강력한 근로의 동기가 될 수 있는지 알아보려던 이 실험이 실패라고 생각하지 않습니다. 고용 증대라는 양적인 quantitative 잣대로만 본다면 그 효과가 미미했지만, 행복도와 삶의 만족도라는 질적인 qualitative 측면, 즉 구성원 개인의 주관적 복지에서는 유의미한 결과를 보였기 때문이죠.

새로운 시도와 도전으로 수많은 시행착오와 실패의 경험치가 쌓이면 한 번의 획기적인 혁신을 탄생시킬 밑거름이 되기도 합니다. 핀란드는 새로운 정책을 도입할 때 전 국민을 대상으로 한꺼번에 시행하지 않는데요. 일단 계획 plan 하고 소규모로 테스트 test 하고 냉정하게 평가 evaluate 합니다. 일정규모의 표본을 대상으로 실험한 후 그 결과가 처음 의도한 목적에 부합하지 않으면 새로운 제도를 도입하지 않습니다. 완벽하게 준비되지 않았거나 예상되는 위험요인이 있다고 해서 미리 걱정하고 염려하느라 시도하는 것조차 포기할 필요는 없는 거죠. 실패에 대한 두려움을 정면으로 맞서는 건 선택의 문제입니다. 핀란드는 정부도 기업도 개인도 시도하고 실패해도 축하하는 과정을 통해 배우고 성장하며 나아가는 여정을 오늘도 진행 중입니다.

모험을 감수하는 시도와 시행착오와 실패의 경험이 어떻게 획기적 혁신의 밑거름이 될까요?

2

내 업무와 우리 조직에서 새로운 시도의 경험이 필요한 부분은 무엇이고, 시행착오나 실패를 주저하지 않으려면 어떤 변화가 도움이 될 수 있다고 생각하나요?

3. 시도하고 변화하는 Change Lab™

■ We must always change, renew, rejuvenate ourselves,
■ otherwise we harden.
▪ 항상 자신을 변화시키고, 새롭게 하고, 활기를 되찾게 해야 한다. 굳어지지 않도록...
Johann Wolfgang von Goethe

수다로 오해하면 안됩니다: 사회문화적 맥락 기반 CHAT이론

변화의 주체가 되는 구성원

조직문화 변화가 필요하다는 공감대는 높지만, 왜 여전히 많은 기업의 변화관리 시도가 실패하는 걸까요? 맥킨지는 2008년 전 세계 기업에 근무하는 3천여 명의 임원진을 대상으로 설문조사를 실시했고 흥미로운 결과를 발표했습니다. 설문에 응한 기업 중 변화를 시도한 기업의 60~70%가 실패를 경험했고, 그 변화의 시도가 대부분 최고 경영층의 의지에서 시작됐다고 밝혔습니다. 이 결과는 기업의 진정한 조직문화 변화가 실행의 주체인 구성원들의 행동 변화에 초점을 맞추어 접근해야 한다는 것을 보여줍니다. 일방적으로 결정된 가치와 신념을 경영진의 강한 의지로 구성원에게 주입식으로 강요한다 해도, 구성원의 행동변화를 기대하기는 어렵습니다. Change Lab™은 변화를 시도하는 기업의 구성원 스스로가 변화의 주체가 되어 조직의 변화와 성장을 주도하게 합니다.

변화를 실험하는 Change Lab™은 기업 변화의 시도와 실행을 구성원 관점에서 접근하는 실무자 참여중심의 프로젝트 방법론입니다. Change Lab™에 적용하는 CHAT이론은 기업의 문제해결 과정에서 실무자들의 참여를 효율적으로 유도하고, 이를 통해 문제와 주변 요인과의 관계를 이해하도록 도와줍니다. 보통 수 개월이 걸리는 Change Lab™ 과정은 외부 전문가의 질문과 개입intervention을 통해 구성원이 표면상 드러나지 않은 문제의 근원을 파악하도록 돕고, 실천 가능한 변화를 스스로 시도하고 실험하며 구체화하는 여정입니다. 변화를 시도하는 기업은 Change Lab™을 통해 구성원과 소통하며 그들의 목소리를 반영하고, 그들의 삶의 현장인 일터에서 경험할 변화를 함께 디자인하며 가치를 더해갈 수 있습니다. Change Lab™에서 최적의 솔루션을 찾아가는 집단지성을 활용한 확장학습의 궤도Expansive Learning Trajectory는 구성원 스스로 '추상적 개념에서 구체적ascending from the abstract to the concrete' 행동방안action plans을 모색하고, 실천 가능한 변화의 시도와 실험을 반복하면서 변화를 내재화하는 과정입니다.

의사가 환자의 증상만 보고 처방하지 않고 문진을 통해 진단하는 것처럼, 변화를 시도하는 기업도 표면에 드러나지 않은 문제의 근본 원인을 파악하려면 외부 전문가와 내부 전문가가 머리를 맞대고 소통해야 합니다. 겉으로 비슷해 보이는 피부표면에 생긴 염증도 그 원인은 매우 다양할 수 있습니다. 단순히 외부자극에 의한 것일 수도 있지만, 우리 몸 내부의 문제가 피부로 드러난 것일 수도 있죠. 염증이 언제 처음 생겼는지 가려운지 아픈지, 이런 증상이 전에도 있었는지 특정 음식이나 환경에 대한 알레르기 반응은 아닌지, 가족이 유사한 증상의 병력이 있는지 알려면 환자가 정보를 공유하고 의사와 소통해야 합니다. 연고를 바르고 밴드로 덮으면 염증을 감출 수 있지만, 이러한 일시적 해결이 때로는 증상을 더 악화시키기도 하죠. 염증의 정확한 원인을 찾아 근본적 치료를 해야 재발을 방지하고 문제가 더 심각해지고 확대되는 것을 막을 수 있습니다.

기업이 문제 상황을 대면하고 변화를 시도하는 것도 마찬가지입니다. 표면에 드러난 증상만으로는 그 문제의 근본 원인과 누적 요인을 파악하기 어렵죠. 기업의 속사정을 누구보다 잘 아는 내부 전문가인 구성원들이 Change Lab™에 직접 참여하는 과정을 통해 문제의 근원을 함께 진단하고 분석해야 합니다. 의사가 아무리 좋은 약을 처방해도 환자가 지켜야 할 식습관이나 바꾸어야 할 생활습관을 실천하지 않으면 회복이 더디거나 증상이 악화되기도 합니다. 마찬가지로 기업의 체질 개선도 리더나 외부 전문가의 일방적 솔루션보다 구성원 스스로 참여하고 공감하고 기여하는 구성원의 행동 변화를 요구합니다. Change Lab™ 과정에서 CHAT이론은 구성원들이 개인과 집단 활동의 다이내믹을 사회문화적 맥락과 이를 둘러싼 각 요소 간 상호작용을 통해 이해하고 접근할 수 있게 합니다. 특히 3세대 CHAT모형은 개인과 공동체의 상호작용 활동체계와 각 구성요소 간 갈등요인 contradiction 을 설명하는 데 효과적입니다. CHAT이론과 Change Lab™은 미국과 유럽에서 개인을 둘러싼 사회구조를 이해하고 평가하며, 각 구성요소 내외부에 존재하는 문제를 해결하려는 다양한 분야에서 활용되고 있습니다.

CHAT이론과 Change Lab™이 조직문화의 변화를 이끌어내는 과정은 에드가 샤인 Edgar Schein 교수의 문화적 단계를 보면 쉽게 이해할 수 있습니다. 조직문화연구소를 이끄는 MIT 샤인 교수는 조직문화를 세 레벨로 분류했는데, 하단 레벨로 갈수록 조직 구성원이 아닌 외부인의 이해가 더 어려워진다고 말합니다. 각 단계를 하나씩 살펴보면 먼저 첫 번째 단계인 '인위적 결과물 artifacts '은 조직제도나 규정으로 드러나는 조직의 구조, 프로세스, 관행, 의사결정체계, 직무체계 같은 인위적 요소들을 말하죠. 두 번째 단계인 '표현되는 가치들 espoused values '은 외부 환경변화와 무관하게 조직이 지속적으로 지키는 원칙과 가치들로, 주로 구성원들의 말과 행동에 영향을 주는 요소들입니다. 가장 아래 단계인 '근본적 가정들basic underlying assumptions '은 구성원들의 무의식에 뿌리 깊게 자리 잡아 당연하게 여기는 신념과 암묵적 가정들인데, 이는 구성원들의 보이는 행동양식이 조직의 보이지 않는 핵심가치와 암묵적 가정에 기반한다는 것을 의미합니다.

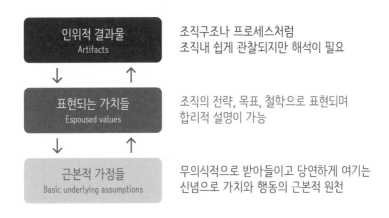

에드가 샤인의 문화의 단계(The Levels of Culture)

CHAT이론은 이 두번째와 세번째 단계인 오랜 시간 무의식 속에서 축적되고 공유된 조직의 가치와 가정들을 시간의 흐름과 문화적 맥락cultural-historical context 에서 이해하도록 도와줍니다. CHAT이론을 적용한 Change Lab™은 현재 드러난 인위적 결과물인 구성원들의 표면적 행동 양식이나 문제를 해결하기 위해, 가장 아래 단계인 근본적 가정들을 찾아가는 여정을 통해 보다 구체적인 실행 솔루션을 찾아낼 수 있게 하는 거죠. 오래된 것은 익숙하고 안정감을 주기도 하지만 새로운 시도나 변화와는 멀어지게 합니다. 안전한 시행착오와 체계적인 접근으로 새로운 도전을 시도하는 지혜가 필요합니다. 변화의 주체인 구성원들이 주도적으로 참여하고 스스로 솔루션을 제안하고 실행하는 Change Lab™을 추천하는 이유입니다.

┃ 구성원 참여로 변화를 시도하는 Change Lab™ ┃

기업환경이 시시각각 변하는 요즘 같은 시대에는 어떤 능력이 중요할까요? 세대와 시대의 요구와 변화에 기민하게 대응하고 적응하는 유연함 agility 이 기업과 개인 모두에게 중요한 역량으로 요구되고 있습니다. 기업은 끊임없이 새로운 발전을 추구해야 하지만, 그럼에도 불구하고 무작정 남을 따라 하는 맹목적 변화는 위험하죠. 변화가 필요한 조직의 문제를 파악하고 분석하는 것부터, 솔루션을 찾고 변화를 주도하는 여정의 중심에 구성원의 참여가 있어야 합니다. Change Lab™에서는 변화의 주체와 최대 수혜자 모두 구성원입니다. Change Lab™은 링컨 대통령의 명언을 빌려 표현하자면 '구성원들을 위한 for the people ' 변화를, '구성원들의 of the people ' 의견으로, '구성원들에 의해 by the people ' 만들어 가는 과정입니다.

엥게스트롬 교수와 CRADLE 연구진들은 Change Lab™에 참여한 기업 구성원들의 배움과 활동을 촉진하는 퍼실리테이터 facilitator 역할을 합니다. 기업 구성원들은 조직의 강점이나 조직 내 누적된 문제 상황에 대해 누구보다 잘 알고 있는 내부자들이지만, 때로는 너무 가까이 있어 제대로 볼 수 없거나 익숙해진 편견으로 현상을 왜곡해 인식하기도 하죠. Change Lab™에서 퍼실리테이터는 새로운 관점과 인사이트를 제공하고, 구성원들이 결핍에 집중하거나 불평으로 소모하는 에너지를 조직의 강점에 집중하고 발전방안 모색으로 전환할 수 있도록 돕는 역할을 합니다.

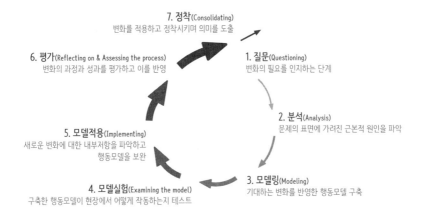

확장형 학습 주기(Expansive Learning Cycle)

Change Lab™은 확장형 학습주기 Expansive Learning Cycle를 따라 운영되는데, '아직 존재하지 않는 것을 배우는 Learning what is not yet there ' 과정입니다. 확장형 학습 주기는 CHAT이론을 활용한 외부 전문가의 개입과 질문을 통해 내부 전문가인 구성원들이 변화가 필요한 조직의 문제를 파악하는 데서 시작합니다. 질문으로 파악한 문제를 분석하고 나면 새로운 행동 모델을 만들어 실험하고 적용해 보면서 보완하고 발전시키는 과정을 반복하게 되죠. 질문을 통해 문제해결의 솔루션을 찾고 변화를 주도하는 중심에는 구성원이^{of the people} 있습니다. 찾아낸 솔루션을 일상업무에 적용하여 새로운 루틴으로 정착시키는 것 또한 구성원의 몫^{by the people}이고, 새로 정착된 변화 발전한 조직문화를 누리는 수혜자 역시 구성원^{for the people} 입니다.

기업은 산업과 시대의 '변화를 읽어내는 통찰력'과 '기회를 잡는 타이밍과 스피드'로 끊임없이 시도하고 변화하며 발전을 추구해야 합니다. 하지만 무분별하게 시도하거나 무차별하게 따라 하는 건 곤란하죠. 애플과 아마존의 비전이 서로 다른 것처럼 경쟁사와 구별되는 우리 기업만의 독특한 비전과 핵심가치가 조직의 DNA가 되어야 합니다. Change Lab™은 다양한 분야의 전문가들로 구성된 내부 구성원들이 각 기업만의 '핵심역량을 반영한^{reflecting on our core values}' '새로운 기회들을 분별할^{discerning new opportunities}' 적임자들임이 증명되는 과정입니다. Change Lab™은 구성원 참여를 통해 우리 조직에 맞는 '변화를 시도하며 성장하는 여정'을 함께 만들어 갑니다.

CHAT이론 Cultural-Historical Activity Theory 이란?

CHAT은 개인의 행동을 매개체로 대표되는 사회문화적 맥락에서 이해해야 한다는 이론으로, 국내에는 '문화역사적 활동이론 Cultural-Historical Activity Theory '으로 알려져 있죠. 레브 비고츠키 Lev Vygotsky 가 처음 제시한 CHAT이론은 이후 알렉세이 레온티예브 Aleksei Leontiev 의 2세대 모형을 거쳐, 위리오 엥게스트롬 Yrjö Engeström 의 3세대 모형으로 확장되고 발전했습니다. 엥게스트롬은 공동체 community 와 분업 division of labor 과 규칙 rules 이라는 요소를 추가했고, 이를 통해 CHAT모형은 개인과 집단활동의 다이내믹 이해와 문제해결에 효과적인 3세대 활동체계 단계로 진화했습니다.

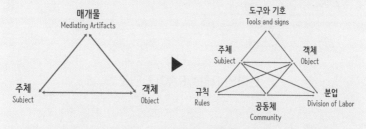

비고츠키(Lev Vygotsky)의 1세대 CHAT모형 > 엥게스트롬(Yrjö Engeström)의 3세대 CHAT모형

엥게스트롬의 3세대 CHAT모형은 특히 유럽과 미국의 기업에서 개인과 조직 간의 상호 활동체계와 그 요소 간의 갈등 contradiction 을 설명하는 데 효과적이라는 평가를 받고 있는데요. 헬싱키대학원에서 제 졸업논문을 지도해 주신 엥게스트롬 교수님은 여전히 활

발한 연구 활동을 계속하며 주요 컨퍼런스 키노트 keynote 연사로 초청받고 계십니다. 2012년 9월 엥게스트롬 교수님의 저자 직강 첫 CHAT 강의를 들었던 날의 설렘과 감동을 떠올리면 여전히 떨리지만, 졸업후에도 교수님 가족들과 크리스마스 이브 식사를 함께할 만큼 지금도 각별한 인연을 이어가고 있답니다.

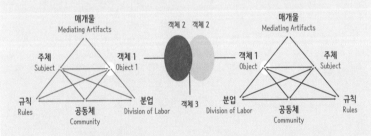

인터렉티브한 활동모형(Interactive Activity Systems, Yrjö Engeström, 2001)

변화의 요람 CRADLE 연구소

엥게스트롬 교수가 이끄는 헬싱키대학 CRADLE 연구소 Center for Research on Activity, Development and Learning 는 그 이름처럼 CHAT이론과 이를 적용한 Change Lab™의 요람 cradle 과 같은 역할을 합니다. 석사과정 2년 동안 기업 현장은 물론이고 변화가 쉽지 않을 것 같은 교육기관, 심지어는 공공기관인 오울루 Oulu 대학병원, 국영 우체국을 비롯한 다양한 적용사례를 배울 수 있었습니다. 사례연구를 통해 사회문화적 맥락과 각 요소 간의 상호작용에 대한 이해가, 각 조직이 마주하고 있는 문제 상황의 근본 원인과 누적 요인을 더 잘 파악하는 데 기여한다는 것을 확인할 수 있었죠. 구성원들이 직접 참여해 구체적이고 실천 가능한 행동방안action plans을 도출하는 과정과, 이를 통해 구성원들이 변화의 주체로서 변화와 발전을 주도한 사례들이 무척 인상적이었습니다.

| 질문만 잘해도 됩니다 |

질문은 창의성과 혁신의 시작

Change Lab™의 시작이 질문인 것처럼, 모든 것의 시작에는 질문이 있고 가장 현명한 대답 또한 현명한 질문 속에 있습니다. 상황과 내용에 적합한 질문은 참신한 아이디어로 새로운 세상을 여는 열쇠가 되기도 합니다. 질문은 주도적으로 문제를 발견하고 변화의 기회를 찾아내는, 창의적이고 생산적인 활동의 시작인 거죠. 열린 질문 open question 은 대답하는 사람에게 생각을 표현할 기회를 제공하고, 대답을 생각하는 과정을 통해 성장할 기회를 제공합니다. 그래서 아인슈타인은 '모든 것에 질문하라'는 명언을 남겼죠. 그런데도 우리는 질문을 하는 것도 받는 것도 어렵게 느끼고 있지 않나요? 질문이 어려운 건 기업에서도 마찬가지 아닌가요? 미국의 경영학자 피터 드러커 Peter Drucker 는 '올바른 질문이 무엇인지 생각하지 않고 올바른 답부터 구하려고 서두르는 것이 잘못된 경영 판단을 내리는 가장 흔한 이유'라고 경고합니다.

기업의 질문하는 문화는 구성원이 끊임없이 탐구하며 아이디어를 교환하고 서로에게 배우고 peer-learning 성장하는 과정을 통해, 새로운 시도로 기업의 창의성과 조직혁신에 기여하게 합니다. 하버드 경영대학원의 앨리슨 브룩스 Alison Brooks 교수는 질문이 '조직 가치를 실현하는 독특하고 강력한 도구'라고 말합니다. 서로 질문하고 정보와 지식을 교환하며 배우는 과정은 구성원 사이의 신뢰관계에 긍정적 영향을 주고, 새로운 시도와 협업을 통해 기업의 성과 향상에 기여할 수 있게 합니다. 또한 적절한 타이밍의 적절한 질문은 예상치 못한 함정과 위험을 미리 발견할 수 있도록 도와 비즈니스 위험을 완화하기도 하죠. 스티브 잡스의 '그 일을 왜 하는가'라는 질문과 마크 저커버그의 '이 아이디어가 우리를 성장하게 하는가'처럼 질문은 나 자신에게, 상대방과의 관계에서, 또 조직 안에서 성장을 이끌어내는 새로운 시도의 트리거 trigger 역할을 하기도 합니다.

헬싱키 최고의 번화가인 Kappmi의 나린까 광장(Narinkkatori) 한가운데 놓인 이 조형물을 보면
어떤 질문이 떠오르나요? 누군가는 앉아서 쉬어 가고 누군가는 사진의 배경으로 삼는
이 조형물에 담긴 의미는 무엇이고, 작가는 어떤 용도로 사용되길 기대하며 만들었을까요?

시도하는 기업의 질문하는 문화

좋은 질문은 하면 할수록 지능과 탐구심을 향상해서 우리를 더 나은 질문자가 되게 하는 선순환으로 이어집니다. 그런데도 왜 우리는 질문을 꺼려하는 걸까요? 어쩌면 질문보다 내 생각과 아이디어로 깊은 인상을 남길 마침표나 느낌표로 끝나는 문장에만 골몰하고 있는 건 아닐까요? 때로는 물어볼 만큼 충분히 신경 써서 듣고 있지 않기도 하고, 더러는 내 지식에 지나치게 자만하며 이미 답을 알고 있다는 착각에 질문조차 하지 않을 때도 있죠. 혹여나 잘못된 질문으로 무례하고 무능한 사람으로 보일까 걱정하는 마음에 질문을 망설이기도 합니다. 시험문제 정답을 찾는 데 익숙해진 탓에, 좋은 질문이라는 존재하지도 않는 정답을 찾으려 고민하고 주저하느라 질문의 기회를 놓치기도 일쑤입니다.

시도하고 변화하는 기업에는 질문하는 문화가 정착되어야 합니다. 질문을 장려하는 문화는 질문과 사려 깊은 답변을 통해, 서로의 차이를 좁히고 선입견을 줄이는 긍정적 상호작용을 촉진합니다. 질문을 통해 구성원들은 서로를 더 신뢰하게 되고 더 친밀해지기도 하죠. 질문은 창조의 시작입니다. Finns는 '바보 같은 질문은 없다.' There are no stupid questions. 는 표현을 즐겨 사용합니다. 질문을 만들 수 있다는 건 이미 창의적이고 생산적인 활동을 시작했다는 의미이고, 내 지식의 진짜 주인으로서 주체적으로 문제를 발견하고 변화의 기회를 찾아내는 과정이니까요. 주저하고 머뭇거리느라 질문할 기회조차 놓치거나 질문할 시도조차 하지 않고 후회하고 있는 건 아닌지 점검해 봐야 합니다.

핀란드 교육의 새로운 시도: PBL

지식 근로자에서 인사이트 근로자로

시대별 기업환경 변화에 따라 기업의 인재상도 바뀐다는 건 우리도 잘 알고 있죠. 정해진 시간 내에 주어진 문제를 실수 없이 빨리 푸는 건 이제는 AI가 더 잘합니다. 문제를 해결할 뿐 아니라 일상의 불편함 pain point 을 찾아 문제를 발견하고 정의할 수 있는 능력이 요구되는 시대입니다. 그렇다고 변화에 따라 추가되는 모든 전문역량을 신규 채용만으로 해결할 수는 없죠. 어떻게 해야 할까요? 체계적 채용전략과 더불어, 이미 채용한 인재들의 지속적 배움과 성장을 위한 기업의 새로운 시도와 꾸준한 투자가 필요합니다. 보스턴 컨설팅그룹 리치 레서 Rich Lesser 는 구성원들이 지식과 정보로 문제를 해결하던 '지식 근로자 knowledge-worker '에서 문제를 찾아내고 창의적인 방법으로 문제를 해결할 수 있는 '인사이트 근로자 insight-worker '로 업그레이드할 배움과 성장의 기회와 환경을 기업이 지속해서 제공해야 한다고 강조합니다.

새로운 융복합 수업인 현상기반학습 PBL

이런 변화의 흐름보다 앞서서 교육 강국 핀란드는 다양한 과목들을 융합해서 학습과 삶의 연관성을 찾는 배움을 더한 새로운 수업을 시도하고 있습니다. 시대의 변화와 기업의 인재상 변화에 핀란드는 교육 패러다임 전환으로 능동적으로 대처하고 있는 거죠. 한때는 OECD 국제학생평가 프로그램인 PISA Program for International Student Assessment 결과에서 두각을 나타낸 핀란드 교육에 전 세계의 관심이 쏠렸고, 미국과 일본의 벤치마킹 대상이 되기도 했습니다. 그런데 정작 핀란드에선 이미 2016년에 교육시스템을 개정했고, 전국의 초중학교에 새로운 융복합 수업방식인 현상기반학습 PBL: Phenomenon-based Learning 을 도입했습니다. 현상기반학습 PBL 이 무엇인지 궁금하시죠? 현상기반학습 PBL 은 과목별로 수업을 진행하던 방식을 벗어나, 하나의 주제에 관련된 다양한 과목들을 융합해서 학생들이 보다 깊이 주제를 탐구하게 하는 학습법이랍니다.

쌍방향 학습인 현상기반학습 PBL 의 핵심은 학습과 삶의 연결을 통해 학생들의 지속적 참여를 유지하고, 암기가 아닌 현실에 적용할 수 있는 문제해결 능력을 함양하는 데 있습니다. 학생들이 주변에서 쉽게 발견할 수 있는 일상의 상황에서 직접 주제를 선택하면, 다양한 과목의 교사들이 머리를 맞대어 그 상황을 구성하는 요소 간의 관계와 맥락, 학습과 삶의 연관성을 찾는 배움 과정을 결합해 융복합 수업을 설계합니다. 예를 들어 최근 뉴스에 보도된 유조선 좌초로 기름이 유출된 사건이 주제로 선정되면, 과거 유조선 침몰이 있었던 다른 나라의 사례를 조사하는 역사 과목과, 유조선의 기름과 물을 분리하는 실험인 화학 과목, 유출된 기름의 양을 계산하는 수학 과목을 융합하는 거죠.

핀란드의 현상기반학습[PBL]은 주제를 선택하는 아이들과 융복합 교육
활동을 기획하고 평가하는 교사들의 자율성을 존중합니다. 모든 수업
을 한꺼번에 현상기반학습[PBL]으로 전환하지 않고 1년에 한 번 이상 현
상기반학습[PBL]을 실행하도록 명시합니다. 이는 새로운 교육을 위한 패
러다임 전환을 교사와 학생이 시도하고 경험하면서 적용할 수 있도록
격려하고 지원하기 위해서죠. 핀란드는 과거 PISA 결과의 영광에 취해
단순 기억만 강요하는 암기 위주 교육을 고집하지도 않고, 정보와 지식
으로 주어진 문제만 해결하는 지식 노동자 양산을 교육목표로 삼지도
않습니다. 시대가 변하면 인재상도 바뀌고 교육 패러다임도 바뀌어야 합
니다. 논리적 사고력, 공감 능력, 데이터와 알고리즘을 활용한 문제해결
능력과 더불어, 호기심을 가지고 문제를 발견하고 정의하는 능력을 위
한 학습이 요구되는 시대의 변화에 우리도 능동적 대처가 필요합니다.

헬싱키 디자인 박물관(Design Museum) 건물 앞에는 버블 체어로 잘 알려진 1932년생 핀란드 디자이너
에에로 아르니오(Eero Aarnio)의 Puppy가 전시되어, 지나가는 이들의 호기심을 자극하며
모순과 편견을 넘어선 새로운 시도를 격려합니다.

변화하는 시대 변하는 인재상

국내 기업 채용 담당자들은 극심한 취업난에도 정작 기업이 필요로 하는 역량을 지닌 인재는 늘 부족하다며, '개발자는 어디에도 없다'는 말을 농담처럼 하곤 합니다. 기업이 원하는 인재상도 과거와 다르게 바뀌고 있습니다. 한 분야만의 전문가인 T형 인재보다 두 가지 분야 이상의 전문적 능력이 융합된 W형 인재와 사람과 사람의 차별화된 강점을 연결하는 능력이 우수한 H형 인재를 찾는 기업이 늘어나고 있죠. 때로는 기업이 원하는 이상적 인재상과 현실에 존재하는 인재풀의 간격이 좁혀지지 않아 채용에 어려움을 겪기도 하고, 많은 비용과 노력을 들여 채용한 인재의 이탈^{brain-drain} 로 인해 곤란해지기도 합니다. ESG 경영이나 여성 이사 의무화처럼 새로운 정책이 도입되거나 관련 규정이 바뀌면서, 특정한 전문성을 지닌 인재를 찾는 기업이 갑자기 늘어나 치열한 인재영입 경쟁을 겪기도 합니다.

급변하는 시대의 변화를 주도하는 기업은 공통적으로 구성원들이 새로운 가치를 끊임없이 창조하며
지속적으로 성장하고 비상할 수 있도록 적극적으로 지원합니다.

기업은 시대와 인재상의 변화에 따라 요구되고 추가되는 전문역량을 신규 채용만으로 해결하기보다, 구성원들이 새롭게 요구되는 역량을 배우고 성장하며 지속해서 업그레이드할 기회와 환경을 제공하는 체계적인 HRD 전략을 추구해야 합니다. 주어진 문제만 해결하던 지식근로자에서 문제를 찾아내고 정의하고 창의적으로 해결하는 인사이트 근로자로의 전환을 기업이 적극적으로 지원해야 합니다.

이제는 단순히 점을 연결해 일방적으로 스토리를 만들어 제공하던 2차원적 스토리텔링 storytelling 접근만으로는 충분하지 않습니다. 새로운 입체적 공간인 메타버스 metaverse 에서 사용자가 스토리에 참여하는 스토리 리빙 story-living 의 시대에 걸맞은 다차원적 접근이 요구됩니다. 구성원 각자의 전문역량과 숙련도를 높이는 upskilling 동시에, 때로는 익숙한 방식을 버리고 unlearning 다시 배울 수 있는 relearning 다양한 배움과 성장전략이 필요합니다. 새로운 가치를 끊임없이 창조하며 지속적으로 성장하는 구성원들이 모인 기업만이 급변하는 시대의 변화를 주도할 수 있으니까요.

1

우리 조직에서는 해결이 필요한 문제를 발견하고 솔루션을 찾아가는 과정에 구성원들이 어떻게 참여하고 있나요? 변화의 주체인 구성원 참여가 왜 중요하다고 생각하고, 어떻게 구성원 참여를 확대할 수 있을까요?

2

우리 조직의 질문하는 문화는 어떻다고 생각하나요? 만약 질문하는 문화에 걸림돌이 있다면 무엇이고, 어떤 변화를 시도하면 좋을까요?

3

구성원들의 배움과 성장을 위해 우리 조직이 실천하고 있는 노력은 무엇이고, 어떤 효과가 있나요?

4. 시도와 실패를 격려하며 진화하는 핀란드 조직문화
Encouraging into Ever-evolving

■
■
▪
The undeniable truth is that we have absolutely no control over
what happen to us. But we can control how we respond. We can be
buried by a giant wave, or we can ride it into shore.
부인할 수 없는 진실은 우리에게 일어나는 일을 우리가 절대적으로 통제할 수
없다는 것이다. 하지만 그 일에 어떻게 반응할지는 우리가 통제할 수 있다.
우리는 거대한 파도에 묻힐 수도 있고, 그 파도를 타고 해안으로 나아갈 수도 있다.
Nick Vujicic

혁신과 창조의 건축가 알바르 알토

세계 Top 3 혁신 대학이자 변화를 선도하는 스타트업의 요람인 핀
란드 대학 기억하시죠? 알토대학교 Aalto University 는 그 이름처럼 핀란드
현대건축과 디자인을 대표하는 건축가 알바르 알토 Alvar Aalto 의 혁신과
창조정신을 반영합니다. 그런데 건축가 알토의 삶과 작품들은 핀란드
의 시도하는 문화 그 자체를 상징하는 것처럼 보이기도 합니다. 왜냐
하면 알토는 건축과 디자인에서 자연과의 조화를 시도했고, 기능주의
functionalism 와 심미학 esthetics 의 결합을 시도했으며, 독창적인 소재 사용
을 시도해 핀란드만의 특징이 담긴 디자인 스타일을 구축했거든요. 알
토의 다양한 시도와 독특한 미학은 핀란드 디자인을 전 세계에 알리
는 데 기여했고, 지금도 핀란드만의 핀란드다운 스타일로 꾸준히 세계

적 인정과 사랑을 받고 있습니다.

알토의 새로운 시도이자 독특한 고집은 건축의 설계와 가구 디자인의 밑그림부터 반영되어 있습니다. 건물 안에서 생활할 사람들의 심리적 요소와 사회적 요소, 친환경 요소를 고려한 알토의 건축은 안락하지만 단순한 공간, 따뜻한 인간미를 지닌 공간을 창조하는 동시에 자연과의 공존과 조화를 추구합니다. 오래된 나무를 베어 훼손하는 대신 그 나무가 건물의 내부를 관통하며 건축과 자연이 조화를 이루게 하고요. 화려한 조명으로 눈을 피로하게 하는 대신 햇빛과 간접조명이 은은하게 조화를 이루어 공간을 채우도록 설계했습니다. 알토의 독특한 고집과 새로운 시도는 그를 20세기 모더니즘을 이끈 대표적 건축가로 기억하게 합니다.

시대를 초월한 현대적 가구 회사 아르텍

1935년 알토 부부를 포함한 네 명의 젊은 디자이너가 설립한 가구회사 아르텍Artek은 그 이름처럼 아트 Art 와 테크 Technology 의 새로운 통합을 추구했습니다. Artek은 단순히 가구와 조명을 만들고 판매하는 데 그치지 않고, 전시와 교육을 통해 핀란드에 현대적인 리빙 문화를 전파하겠다는 야심 찬 포부에서 비롯된 새로운 시도였죠. 자유분방한 정신의 알토는 재료가 아닌 표현 방식의 현대화를 시도해 모더니즘을 새롭게 정의했습니다. 익숙한 재료인 나무의 유연함과 내구성을 살려

제작한 알토 스툴 Aalto's stool 과 호수에서 영감을 얻은 역동적이고 부드러운 물결 모양의 알토 꽃병 Aalto's vase 은, 견고하면서도 오래도록 사랑받는 디자인이 가능함을 지금도 증명하고 있습니다. Artek의 시그니처 라인인 벤트우드 bentwood 가구와 이딸라 Iittala 의 유리 제품은 핀란드와 세계 곳곳에서 여전히 시대를 초월해 사랑받고 있는 알토의 작품들입니다.

알토(Alvar Aalto)가 1937년 디자인한 티 트롤리(Tea Trolley, 1937, Artek)

협업방식과 건축철학에서 보여준 알토의 시도

건축의 설계, 가구와 조명의 디자인 외에도 알토가 과감하게 시도한 게 하나 더 있습니다. 알토는 함께 일하는 방식에서도 새로운 시도를 실천했는데, 띨리마끼 Tilimaki 에 위치한 알토 스튜디오는 1950년대부터 이미 신뢰를 바탕으로 한 협업의 공간이었다고 하죠. 알토는 협업하는 건축가들 각자의 스타일과 자유를 최대한 존중하는 동시에, 협업하는 모두가 핵심 주제를 분명히 이해하도록 비전을 공유하고 소통했습니다. 그의 생전 어느 라디오 인터뷰에서 알토는 "모든 건축물은 지속적 발전가능성을 내재한 자체적 특징이 있어야 한다."고 강조했는데요. 수십 년 전 이미 지속가능한 내재가치를 추구한 알토의 혁신과 조화의 시도는 핀란드 건축물과 교육 현장, 각 가정의 응접실과 식탁 위에 여전히 존재합니다. 알토의 건축 철학을 상징하는 핀란디아 홀 Finlandia Hall 은 헬싱키 상공회의소가 주최한 2017년 핀란드 100주년 기념행사가 열린 장소이기도 합니다. 1971년에 건축된 핀란디아 홀은 지금도 상황과 목적에 맞게 창의적으로 재해석되어 다양한 국제행사 공간으로 사랑받고 있습니다.

Finns는 알토의 건축과 디자인을 통해 기억되는 시대를 앞선 그의 과감한 시도를 자랑스럽게 여깁니다. 알토의 삶과 작품 속에 담긴 '혁신과 창조의 조화'와 '지속가능한 내재가치'는 여전히 Finns의 일상 곳곳에서 그들의 새로운 시도를 응원합니다. 오늘도 Finns는 시도와 실패를 공유하고 서로를 격려하며 encouraging 끊임없이 진화하고 ever-evolving 있습니다. 핀란드의 '시도하고 때론 실패해도 계속 진화하는 여정'은 아직 끝나지 않은 Finnish journey has not finished yet. 현재 진행형입니다.

Encouraging into Ever-evolving

Finnish journey has not finished yet. Shall we start our own journey?

Epilogue

■
■

'내겐 너무 매력적인' 핀란드가 보편적이거나 일반적인 사례가 아닐 것 같다는 우려로 꽤 오래 망설였는데, 지난 7년의 기억과 자료들을 뒤적이며 글로 옮기는 내내 감사한 마음이 들었습니다. 핀란드에서 지낸 시간 동안 당연한 건 하나도 없었고, 모든 것이 은혜이고 축복이고 선물이란 걸 다시 깨닫는 기회였거든요. 평범한 보통의 'ordinary'가 아닌 조금은 기이하고 보기 드문 'extraordinary'한 핀란드 직장생활 이야기가, 일상의 평범 ordinary 속에서 비범하고 놀라운 extraordinary 발견을 이어갈 누군가에게 계획하지 않고 기대하지 않은 영감 inspiration 과 인사이트 insight 를 선물 받는 기회가 되었기를 진심으로 바라며 글을 마무리하려고 합니다.

핀란드어를 배워보려고 틈틈이 수업도 듣고 나름 애썼음에도 불구하고 일상생활에서 쓸 기회가 거의 없어서, 제 핀란드어는 아직도 자기 소개와 간단한 회화만 가능한 부끄러운 수준인데요. 비록 핀란드어를 배우는 데 성공하진 못했지만, Finn의 생각하는 방식과 사는 방식과 일하는 방식만큼은 몸에 밴 듯 여전히 제 삶의 언어와 일상의 문법으로 남아 있습니다. 회상해보니 낯선 땅 핀란드에서 이방인으로 지냈던 시간 동안 역설적이게도 가장 '나'다운 모습으로 살았단 생각이 듭니다. 내 모습 그대로의 '나'인 게 편했고 '나'여도 괜찮았고 그런 '나'라서 감사했던 지난 7년은 내가 잘하는 게 무엇인지, 나에게 정말 중요하고 의미 있는 게 무엇인지, 내가 무엇에 기쁨을 느끼고 만족하는지를 깨닫고 배운 시간이었습니다.

일반적이거나 보편적이지 않아도 남과 비교하는 대신 남들과 다른 나만의 개성과 신념대로 나답게 살아갈 용기가 조금 더 생겼고, 다들 그렇게 하니까 따라야 한다는 불편한 부담감 대신 내가 하고 싶은 걸 선택하고 책임지는 맛을 조금 더 알게 됐습니다. 저의 철없던 10대와 찬란했던 20대, 치열했던 30대를 있는 그대로 인정하고 받아들이게 되었고요. 다른 누구의 인생도 아닌 나만의 인생을 살아가는 법을 핀란드에서 처음 배우기라도 한 것처럼 핀란드에 가기 전과 후의 '나'는 조금 다른데, 저는 지금의 내가 조금 더 마음에 듭니다.

이 책이 행복한 개인과 건강한 조직문화라는 목적지를 향해 가는 누군가의 여정에 종종 고개가 끄덕여지고 때론 웃음과 상상력을 자극하고 가끔은 영감과 인사이트를 주는 부담스럽지 않은 길벗이었길 조심스레 기대해 봅니다. 그 여정의 여운으로 사람과 사람 사이, 말과 말 사이, 일과 일 사이 안전거리에 여백의 미를 더하고, 신뢰라는 근육을 키우는 작은 습관들을 실천하며, 공정이 상식이 되는 문화가 정착되도록 각자의 몫을 다하면서, '나다움'이 공존하는 다름의 시너지를 경험하고, 혁신과 조화를 시도하며 변화하는 경험이 더해지길 바랍니다. 기회가 된다면 글로 다 전달하지 못한 생생한 현장 경험과 사례들을 나눌 만남의 기회도 있기를 소망합니다.

References

1   "What Makes a Happy Country?", New York Times, Apr 20 2021,
    https://www.nytimes.com/2021/04/20/world/europe/world-happiness-
    report-ranking.html

2   "Image: Finland emojis", This is Finland,
    https://finland.fi/emoji/

3   "경력 이직하려면 즉시전력감", 매일경제, 2017년 11월 13일,
    https://www.mk.co.kr/news/society/view/2017/11/752253/

4   Edward T. Hall, The Silent Language (Anchor; Reissue edition,1973)

5   Edward T. Hall, The Hidden Dimension (Anchor, 1990)

6   "Tips for find a job", Finland Public Employment and Business Services", Jul 6, 2021
    https://www.te-palvelut.fi/en/jobseekers/finding-job/tips-for-finding-job

7   "Finland: Interview Advice", GoinGlobal, May 10 2017,
    http://blog.goinglobal.com/finland-interview-advice

8   "Finland Job Interview Tips", JobERA International Job Interview, Jul 2 2016,
    https://jobera.com/finland/finland-job-interview.html

9   권상집, 수평적 조직문화, 월간노동법률, 2019년 8월호 vol.339,
    https://www.worklaw.co.kr/view/view.asp?in_cate=119&gopage=1&bi_pidx=29503

10 유호현, "위계 조직과 역할 조직", brunch.co.kr/@svillustrated, 2017년 7월17일,
    https://brunch.co.kr/@svillustrated/6

11 "Organizational structures (GCSE – Business Part)", BBC, 2021년 11월 25일 확인,
    https://www.bbc.co.uk/bitesize/guides/z6v847h/revision/1

12 Design Museum Arabia, 2021년 3월 28일 확인,
    https://www.designcentrehelsinki.com/en/about/#!/design-centre

13 "How to Successfully Scale a Flat Organization", Harvard Business Review,
    Jun 7 2021,
    https://hbr.org/2021/06/how-to-successfully-scale-a-flat-organization

14 "How transition advisors accelerate executive onboarding and integration",
    The First 90 Days, May 29 2018,
    https://www.linkedin.com/pulse/how-transition-advisors-accelerate-
    executive-michael-watkins-1/

15 "Image: Management of Ecosystem", Future Place Leadership,
    https://futureplaceleadership.com/talent-attraction-management/

16 "Onboarding Isn't Enough", Harvard Business Review, May–June 2017,
    https://hbr.org/2017/05/onboarding-isnt-enough

17 "The Top Coffee-Consuming Countries", World Atlas, Aug 6 2020,
    https://www.worldatlas.com/articles/top-10-coffee-consuming-nations.html

18 "직장서 잠깐의 휴식, 오히려 업무 효율 높인다", 헬스조선, 2021년 3월 18일,
    https://health.chosun.com/site/data/html_dir/2021/03/17/2021031701262.html

19 이승렬, 근로자의 근로시간, 건강, 생산성의 상관성 연구, 한국노동연구원KLI, 2014년

20 "성공하는 사람은 의도적 휴식을 즐긴다", 동아비즈니스리뷰DBR, 2020년 1월 Issue2

21 "과로사회, 근로자 작년 '1957시간' 일했다, 머니투데이, 2020년 2월 27일,
    https://news.mt.co.kr/mtview.php?no=2020022709453187399

22 "위험한 좌식 근무, 적어도 2~4시간은 서서 일하라", 이코노미스트, 2015년 6월 21일,
    https://economist.co.kr/2015/06/21/policy/policy/306973.html

23 "Out of Office: Finland's traditional summer shutdown", Yle, Jul 6 2018,
    https://yle.fi/uutiset/osasto/news/out_of_office_finlands_traditional_

summer_shutdown/10291712

24 "휴가 권하는 기업들 - 잘 쉬어야 일 잘한다", 한국경제, 2011년 7월 21일,
    https://www.hankyung.com/society/article/2011072196487

25 김기주, 동양화의 공간개념고찰II (서울: 공간, 1980)

26 "[ESC] '행복 1위' 핀란드 사람들은 뭐 하고 노나요?", 한국경제, 202년 6월 12일,
    https://www.hani.co.kr/arti/specialsection/esc_section/949095.html#csidxb
    40d0e85d746d589702f2e753106a18

27 "핀란드 복지·교육이 부러워? 신뢰 사회부터!", 시사저널 2018년 12월 10일,
    https://www.sisajournal.com/news/articleView.html?idxno=179056

28 홍재우, 민주주의 공고화의 이해: 불확실성과 불신의 제도화 (서울: 신뢰연구, 2005)

29 박찬웅, 경쟁의 사회적 구조 (서울, 한국사회학, 1999)

30 "21세기 원유 빅데이터 핀란드 성공 비결은 국민신뢰", KBS News, 2019년 2월 9일,
    https://news.kbs.co.kr/news/view.do?ncd=4134965

31 "복지국가를 위한 행정 빅데이터 구축과 조세정보 공개의 필요성", 참여연대, 2019년 9월 6일,
    https://www.peoplepower21.org/Welfare/1652909

32 "매년 11월 1일은 핀란드의 National Jealousy Day", 정보공개센터, 2019년 11월 1일,
    https://www.opengirok.or.kr/4738

33 "Happy 'National Jealousy Day'! Finland Bares Its Citizens' Taxes", New York
    Times, Nov 1 2018,
    https://www.nytimes.com/2018/11/01/world/europe/finland-national-
    jealousy-day.html

34 "Photo: Wärtsilä Helsinki Campus - Experience Centre", Wärtsilä,
    https://dam.wartsila.com/dam/app/#/s/XR-qYaO

35 "Why Leadership Trust Is Critical in Times of Change and Disruption", Center

for Creative Leadership Inc., Jun 24, 2021,
https://www.ccl.org/articles/leading-effectively-articles/why-leadership-
trust-is-critical-in-times-of-change-and-disruption/

36 "Photo: Let's meet under the clock", Helsinki-in.com,
https://www.helsinki-in.com/2012/03/lets-meet-under-clock.html

37 "Infographic: Working regularly at home 2020", Finland in Figures 2021(p21),
https://toolbox.finland.fi/life-society/finland-in-figures-2021/

38 "Working Hours Act to be updated", Finland Ministry of Economic Affairs and
Employment, Jul 4 2019,
https://valtioneuvosto.fi/en/-/1410877/tyoaikalaki-uudistuu

39 "하이브리드 워크플레이스 성공의 조건 6가지", IT World, 2021년 8월 12일,
https://www.itworld.co.kr/news/204529

40 "핀란드식 소득 차등 벌금제, '한국식 공정'에 의문을 던지다", 한겨레, 2010년 11월 5일,
https://www.hani.co.kr/arti/PRINT/968624.html

41 "이코노미인사이트 – 핀란드 복지국가 산책", 한겨레, 2021년2월 8일,
https://www.hani.co.kr/arti/economy/economy_general/982252.html

42 "Photo: 프로토콜 경제로의 전환", KB보고서: 플랫폼 경제를 넘어 프로토콜 경제로,
2021년 5월 31일,
https://www.kbfg.com/kbresearch/vitamin/reportView.do?vitaminId=2000307

43 "변환기를 맞은 핀란드 노동조합", 대한무역투자진흥공사 2007년 9월 27일,
https://news.kotra.or.kr/

44 "SUOMI 100 > Suomalainen juttu > KÄTTE", Yle uutiset selkosuomeksi,
2021년 8월 13일 확인,
https://yle.fi/uutiset/osasto/selkouutiset/kattely/9420177

45 "Photo: The Wounded Angel", Finnish National Gallery, https://www.kansallisgalleria.fi/en/search?titles%5b%5d=The%20Wounded%20Angel

46 "최연소 핀란드총리 산나 미렐라 마린", 중앙일보, 2020년 8월 5일, https://www.joongang.co.kr/article/23841329#home

47 "Hobbyhorsing: what girls everywhere can learn from the Finnish craze", The Guardian, Aug 30 2019,

48 "Photo: Ride with us: show jumping on hobbyhorses", The Hobby Horse, https://www.thehobbyhorse.fi/video/ride-us-show-jumping-hobby-horses/#video

49 https://www.theguardian.com/lifeandstyle/shortcuts/2019/apr/30/hobbyhorsing-what-girls-everywhere-can-learn-from-the-finnish-craze

50 "Forget Denmark and hygge, Finland is the new Nordic hotspot for wellbeing", Standard, Dec 16 2016, https://www.standard.co.uk/lifestyle/london-life/forget-denmark-and-hygge-finland-is-the-new-nordic-hotspot-for-wellbeing-a3417926.html

51 "독서천국 핀란드, 세계 1위 독서율 만든 비법은?", 뉴스앤북, 2019년 6월 5일, http://www.newsnbook.com/news/articleView.html?idxno=187

52 "미디어 리터러시", 정책브리핑, 2021년 2월 19일, https://www.korea.kr/news/reporterView.do?newsId=148883920&call_from=nate_news

53 교육의 봄, 채용이 바뀐다 교육이 바뀐다 (서울: 우리학교, 2021)

54 "문해력 리포트", 연합뉴스, 2021년 12월 17일, https://www.yna.co.kr/view/AKR20211207157600501

55 "실패란 한국선 유서 쓸 낙인, 미국선 돈 되는 경험", 중앙일보, 2013년 10월 15일, https://www.joongang.co.kr/article/12855501#home

56 "A Grid is the stable for future unicorns", A-Grid,
    https://agrid.fi/about-us

57 "기본소득제, 먼저 해본 핀란드가 말해준다", 중앙일보, 2020년 6월 10일,
    https://www.joongang.co.kr/article/23797420#home

58 "조직의 변화, 구성원의 구체적 행동 변화에서부터", LG경영연구원, 2014년 11월 9일,
    http://www.lgbr.co.kr/report/view.do?idx=18743

59 "미래를 대비하는 핀란드 교육의 새로운 시도", 서울특별시 교육청 교육연구정보원, 2017,
    http://webzine-serii.re.kr

60 "자신처럼 타인도 중요하다는 극단적 개인주의가 신뢰 바탕", 중앙일보, 2017년 10월 8일,
    https://www.joongang.co.kr/article/21993086#home

월요일도 행복한 핀란드 직장생활

평범한 일상 속 평범하지 않은 5가지 조직문화 인사이트

초판 1쇄 인쇄	2022년 4월 15일
초판 1쇄 발행	2022년 4월 15일
지은이	샤니아 신
기획	정강욱 이연임
편집	백예인
표지 디자인	최동인
내지 디자인	서희원
출판	리얼러닝
주소	경기도 파주시 탄현면 고추잠자리길 60
전화	02-337-0324
이메일	withreallearning@gmail.com
출판등록	제 406-2020-000085호
ISBN	979-11-971508-7-6